I0181194

www.ingramcontent.com/pod-product-compliance
Lightning Source LLC
LaVergne TN
LVHW041251080426
835510LV00009B/694

9786000300289

بسم الله الرحمن الرحيم

اللهم صل على محمد وآل محمد

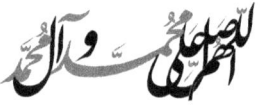

موسیقی عاشیق‌های آذربایجان

دکتر حمید سفیدگر شهانقی

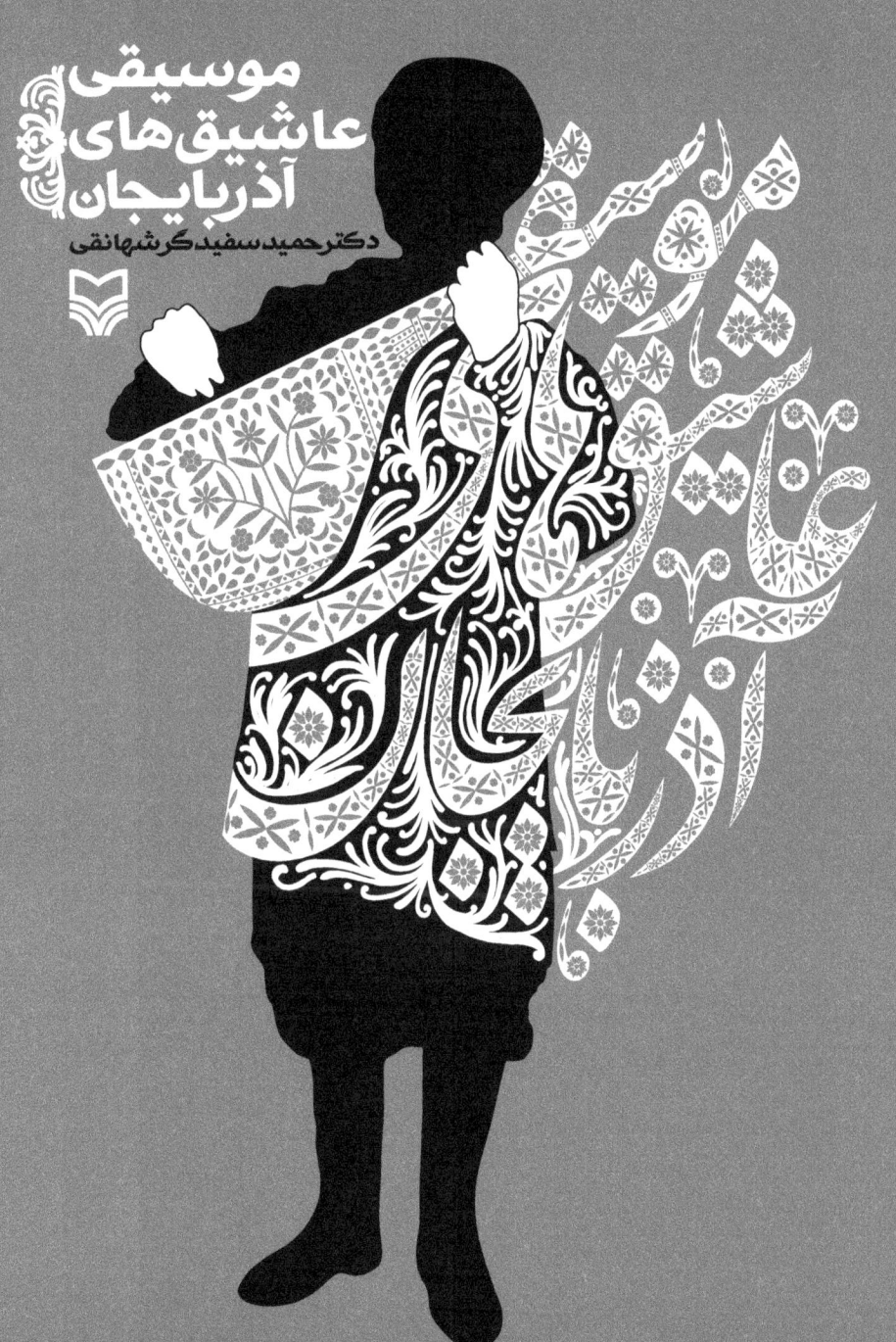

انتشارات سوره مهر (وابسته به حوزه هنری)

مرکز موسیقی حوزه هنری

موسیقی عاشیق‌های آذربایجان

دکتر حمید سفیدگر شهانقی

طراح جلد: حبیب ایلون

اچ اند اس مدیا: تحت امتیاز انتشارات سوره مهر
چاپ بر اساس تقاضا: ۱۳۹٤
شابک: ۹ - ۰۲۸ - ۰۳۰ - ٦۰۰ - ۹۷۹

نقل و چاپ نوشته‌ها یا هر گونه برداشت به هر شکل، منوط به اجازهٔ رسمی از مرکز موسیقی حوزه هنری است.

سرشناسه: سفیدگر شهانقی، حمید، ۱۳٤٦ -
عنوان و نام پدیدآور: موسیقی عاشیق‌های آذربایجان/حمید سفیدگر شهانقی؛ [به سفارش] مرکز موسیقی حوزه هنری.
مشخصات نشر: تهران: شرکت انتشارات سوره مهر، ۱۳۹۱.
مشخصات ظاهری: ۱۸٤ ص.
شابک: ۶-۰۳-۲۶۱۹-۸۰۲-۰-۹۷۹
وضعیت فهرست نویسی: فیپا
موضوع: عاشیق لار
موضوع: موسیقی آذربایجانی
شناسه افزوده: سازمان تبلیغات اسلامی. حوزه هنری. مرکز موسیقی
رده بندی کنگره: ۱۳۹۱ ۸م۷س/ ۳٤٤/۹ ML
رده بندی دیویی: ۷۸۹/۹
شماره کتابشناسی ملی: ۲۸۲۸۳۲۵

نشانی: تهران، خیابان حافظ، خیابان رشت، پلاک ۲۳
صندوق پستی: ۱۱۴۴ـ۱۵۸۱۵
تلفن: ۶۱۹۴۲ سامانه پیامک: ۳۰۰۰۵۳۱۹
تلفن مرکز پخش: (پنج خط) ۶۶۴۶۰۹۹۳ فکس: ۶۶۴۶۹۹۵۱
www.sooremehr.ir

تقدیم به عاشیق‌ها،
عاشقان صبور فرهنگ نامیرای خطه آذربایجان
دکتر ح- س- شهانقی

فهرست

مقدمه | ۹

فصل اول (کلیاتی در هنر عاشیقی) | ۱۵
تاریخچۀ هنر عاشیقی | ۱۷
اتیمولوژی واژۀ عاشیق | ۲۱
خاستگاه‌های هنر عاشیقی در ایران | ۲۱

فصل دوم (ادبیات عاشیقی) | ۲۳
داستان‌های لیریک و عاشقانه | ۲۶
داستان‌های قهرمانی | ۲۶
انواع شعرهای عاشیقی | ۲۷

فصل سوم (موسیقی عاشیقی) | 45

آلات موسیقایی عاشیقی | 47
قوپوز (ساز) | 47
بالابان | 50
قاوال | 55

آهنگ‌های موسیقی عاشیقی | 56

نت‌نگاری آهنگ‌های عاشیقی | 70
آهنگ آیاق دیوانی | 71
آهنگ داستانی | 79
آهنگ گؤیچه گولو | 86
آهنگ منصوری | 93
آهنگ قایتارما | 103
آهنگ شاه سئوه‌نی | 111
آهنگ عرفانی | 122
آهنگ بورچالی گوزللمه‌سی | 131
آهنگ دوبیت | 134
آهنگ ایران قاراچی‌سی | 137
آهنگ اووشاری (افشاری) | 144
آهنگ سمندری | 152
آهنگ سلطانی | 161
آهنگ واقف گوزللمه‌سی | 171

ضمائم | 179
کتابنامه | 181
مقاله‌نامه | 183

مقدمه

فولکلور از اساسی‌ترین شاخص‌های اصالت فرهنگی محسوب می‌شود. هنر عاشیقی مهم‌ترین و غنی‌ترین شاخهٔ ادبیات شفاهی ملل ترک، از جمله مردم آذربایجان است. برخلاف نظریاتی که عاشیق را با مفاهیم نارسایی چون: «نوازندهٔ دوره‌گرد»، «مطرب» و... می‌خوانند، عاشیق هنرمندی است که در شاعری، آهنگسازی و نوازندگی، خوانندگی و داستان‌سرایی استاد است. به تعبیری دیگر، اگر عاشیق‌ها نبودند، از فولکلور غنی آذربایجان، به جز چیزهای پراکنده و کم‌محتوا، هیچ نمی‌ماند. عاشیق‌ها مردمی‌ترین هنرمندانی هستند که با ساز و آواز، و اشعار و داستان‌هایشان در غم و شادی مردم شریک می‌شوند. آمال و آرزوها، عادت‌ها و باورها، و آداب و رسوم مذهبی و ملی مردم، طی سالیان دراز، در هنر ارزشمند آن‌ها انعکاس پیدا کرده است. عاشیق‌های استادی چون: «علعسگر»، «قشم»، «خسته‌قاسیم» و دیگران در اشعار خود بارها به مفاهیم و مضامین مذهبی اشاره می‌کنند. آن‌ها خود را «حق عاشیقی» و «آللاه عاشیقی» می‌نامند.

هنر عاشیقی کامل‌ترین هنر مردمی در ایران، جمهوری آذربایجان، ترکیه، ترکمنستان، قزاقستان، قرقیزستان، و حتی گرجستان، و ارمنستان است. عاشیق هنرمندی است که یک تنه تار و پود فرهنگ ملی و بومی قوم خود را در هم تنیده و از آن جامه‌ای فاخر پدید آورده است که با گذشت زمان، محافل علمی و آکادمیک جهان بیشتر به اهمیت آن پی می‌برند.

تاریخ مدوّن و مشخص هنر عاشیقی از زمان شاه اسماعیل صفوی آغاز می‌شود. او، که خود شاعر بوده و «شاه‌خطایی» تخلص می‌کرده، ارادت خاصی به عاشیق‌ها داشته است. از این رو، در این زمان هنر عاشیقی جان تازه‌ای می‌گیرد. سرآمد عاشیق‌های این دوره، «دده قربانی»، از نزدیکان دربار شاه اسماعیل، بوده و دیوان شعرش اولین دیوان مدوّن شعر عاشیقی است. در فاصلهٔ سال ۱۴۷۱ (سال تولد عاشیق قربانی) تا سال ۱۹۲۶م (سال درگذشت عاشیق علعسگر، سرحلقهٔ عاشیق‌های معاصر)، هنر عاشیقی همگام با تحولات اجتماعی دستخوش دگرگونی شده و عاشیق‌های بی‌شماری را، مانند عاباس توفارقانلی، ، خسته‌قاسیم، واله، ملاجمعه، مسکین‌اسد، ساری‌عاشیق، خان‌چوبان و حسین بوزالقانلی در دامان خود پرورده است.

عاشیق‌ها در چندین هنر مهارت دارند؛ شعر می‌سرایند، آهنگ می‌سازند، نوازندگی می‌کنند، آواز می‌خوانند، نقالی می‌کنند، و با توجه به حال و هوای مجلس می‌رقصند. نسل قدیم عاشیق‌ها علاوه بر هنرهای مذکور، به اغلب امور دینی و دنیوی مردم همچون: طبابت، عَقد ازدواج و اخوت، و پیشگویی آینده نیز می‌پرداختند. چنین شخصی را «ائلجه‌بیلن»[1] می‌گفتند. آخرین آن‌ها عاشیق «خسته‌قاسیم» (قرن دوازدهم هجری) است که دوازده سال در نجف اشرف به فراگیری علوم دینی پرداخت و علاوه بر عاشیقی، در روستای زادگاهش، «تیکمه‌داش» از توابع تبریز، و روستاهای اطراف آن به امور مذهبی مردم رسیدگی می‌کرد. اساساً همهٔ این هنرها در کنار هم هنر عاشیقی را شکل می‌دهند؛ اما با گذر زمان و با توجه به شرایط اجتماعی، عاشیق‌ها جایگاه اصلی خود را از دست داده و فقط یک نوازنده و خواننده شناخته می‌شوند.

عاشیق‌ها را به طور کلی می‌توان به دو دسته تقسیم کرد:

دستهٔ اول عاشیق‌های خلاق و استاد هستند که شعرهای نغز می‌سرایند، داستان می‌پردازند، آهنگ می‌سازند، و سرودها و ساخته‌های خود و آثار گذشتگان را با مهارت تمام اجرا می‌کنند.

---

۱. elja bilan: یعنی کسی که دانسته‌هایش با همهٔ ایل برابر است.

دستهٔ دوم عاشیق‌های حرفه‌ای و ایفاگرند که اشعار و داستان‌های عاشیق‌های استاد را از بر کرده، هنر عاشیقی را فراگرفته، و به مجالس شادی مردم شور و حرارت می‌بخشند. داشتن صدای خوب، آشنایی با آهنگ‌های عاشیقی، فوت و فن مجلس‌گذاری، و چیرگی در نواختن ساز از عوامل موفقیت و مقبول بودن این عاشیق‌ها به شمار می‌رود.

شناخت و بررسی موسیقی عاشیق‌های آذربایجان، که هدف این کتاب است، در علم موسیقی‌شناسی به رشتهٔ «اتنوموزیکولوژی»[1] گرایش پیدا می‌کند. «اتنو» در لغت، به مفهوم قوم یا گروه خاصی از مردم بومی یک منطقه است و در ترکیب با کلمهٔ «موزیکولوژی»، به معنای موسیقی‌شناسی، علمی نسبتاً جدید پدید می‌آورد. هدف اصلی این علم بررسی موسیقی نواحی مختلف جهان، ریشه‌یابی، و مطالعهٔ تطبیقی آن است. اساس کار پژوهشگران این علم گردآوری اطلاعات و مدارک، و تدقیق و ترویج موسیقی بومی و سنتی در راستای شناخت نیازهای جوامع معاصر است. دانش اتنوموزیکولوژی نخستین بار در اواخر قرن نوزدهم و اوایل قرن بیستم پایه‌گذاری شد و هدف پدیدآورندگان آن مطالعهٔ موسیقی با توجه به بافت‌های فرهنگی مناطق گوناگون بود.

هنر چندوجهی عاشیقی نیز بر موسیقی استوار است و هنرهای دیگری چون: نقالی، شاعری، و رقص حول محور موسیقی ایجاد شد. موسیقی عاشیقی دستمایهٔ موسیقی کلاسیک مقامی آذربایجان شده است. آهنگسازان و سمفونیست‌های آذربایجان در آثار خود از موسیقی عاشیقی به فراوانی بهره‌مند شده‌اند.

بر اساس گفتهٔ استادان عاشیقی، آهنگ‌های عاشیقی، که به اصطلاح «هاوا» نامیده می‌شوند، ۷۲ یا ۷۳ آهنگ هستند؛ اما این تعداد با گذشت زمان از طرف عاشیق‌های دیگر زیاد شده و امروزه به ۱۳۰ تا ۱۴۰ آهنگ رسیده است. بعضی از این آهنگ‌ها در منطقهٔ خاصی مشهور بوده و در آنجا بیشتر اجرا می‌شدند. برخی از این آهنگ‌ها در مناطق مختلف به اسامی گوناگون نامیده می‌شوند. از باب مثال، آهنگ «مخمس» عاشیق‌های تبریز در آذربایجان غربی با نام «دستان» مشهور است.

---

1. ethnomusicology

هر عاشیقی ساز خود را هماهنگ با تن صدای خود کوک می‌کند، بدین صورت که اگر صدایش زیل باشد، آن را زیل و اگر بم باشد، آن را بم کوک می‌کند. گفتنی است که بم نواختن و زیل خواندن و یا برعکس زیل نواختن و بم خواندن در میان عاشیق‌ها مردود شمرده می‌شود.

آهنگ‌های موسیقی عاشیقی به سه گروه «یوخاری هاوالار» (آهنگ‌های بالا)، «اورتا هاوالار» (آهنگ‌های میانه)، و «آشاغی هاوالار» (آهنگ‌های پایین) تقسیم می‌شوند.

اصول مقامی موسیقی عاشیقی مطابق و مبتنی بر وضعیت و امکانات ساز عاشیقی، که «قوپوز» نامیده می‌شود، است. اساس موسیقی عاشیقی دیاتونیک[۱] است. صداهای کروماتیک[۲]، که گاهی شنیده می‌شوند، نقش کمکیِ ایفا می‌کنند. این موسیقی از حیث مشخصات ملودیک و ریتمیک بسیار غنی و اصولاً بر فرم strophice مبتنی است. همهٔ آهنگ‌های عاشیقی[۳] دارای مقدمهٔ ابزاری[۴]، عنصر میانجی[۵]، و فرجام و یا پایانه[۶] هستند. تکرار اوج‌مند صدا، تکرار موتیوهای موزیکال در واریانت‌های گوناگون، حرکت نزولیِ ملودی با پرده‌ها، و فرود پیاپی[۷] از عناصر شخصیتی این موسیقی است. عاشیق‌ها معمولاً در دانگ[۸] بسیار بالا می‌خوانند. در بند پایانی[۹] با دانگ پایین خوانده و آخرین نت‌ها را خیلی طولانی اجرا می‌کنند. دیاپازون موسیقی عاشیقی بسیار کوچک و کم‌حجم است.

در فصل پایانی کتاب نت تعدادی از هواهای (آهنگ‌های) موسیقی عاشیقی آورده شده است. این نت‌ها از آن‌جایی که قدیمی‌ترین نت‌های نوشته شده موسیقی عاشیق‌هاست و در اتنوموزیکولوژی آذربایجان و همچنین بررسی تاریخ موسیقی عاشیق‌ها اهمیت ویژه‌ای دارند، عیناً نقل شده‌اند.

---

۱. Diatonic: جداپرده

2 .chromatic

3 .havalar

4 .instrumental prologue

5 .intermediate

6 .finale

7 .sequential

8 .register

9 .cadence

فوکس[1] معتقد است: «نمی‌توان کتمان کرد که موسیقی محصول و زاییدهٔ نوع انسان است»؛ یعنی هر جا که انسان پا گذاشته، موسیقی پدید آمده است. در شرایط اجتماعی نوین، کمتر مناطقی وجود دارد که موسیقی به آن راه نیافته و کمتر زمانی است که هیچ اثر موسیقایی در آن پدید نیامده باشد. جان بلکینگ[2]، اتنوموزیکولوژیست انگلیسی، در مطالعات خود از «آواهای متشکل از انسان‌ها» و «انسان‌های متشکل از آواها» صحبت می‌کند. در مورد نخست، تأکید وی بیشتر بر روی این نکته است که چرا انسان‌ها در سیستم‌های فرهنگی خود به سراغ موسیقی می‌روند؟ پاسخ‌های بسیار متنوعی از مناطق مختلف دنیا به این سؤال داده می‌شود؛ اما در یک پاسخ ساده گفته می‌شود که موسیقی نوایی است که از آواهای مختلف تشکیل یافته است؛ آواهایی که انسان طبق هنر، سلیقه، و شرایط خاص به آن‌ها نظم داده و ریتم مشخصی را پدید آورده است. کارشناسان موسیقی معتقدند که هر فرهنگی موسیقی خاص خود را می‌طلبد؛ به این معنی که در هر فرهنگی، موسیقی مشخصی به وجود می‌آید. در علم اتنوموزیکولوژی، مطالعهٔ شکل‌گیری موسیقی و زمینه‌های وابسته به آن را «مطالعهٔ موسیقی از زمینه‌های داخلی به موارد خارجی» می‌نامند؛ یعنی بررسی ریشه‌های فرهنگی موسیقی و جریان شکل‌گیری آن از آغاز تا انتها. از سوی دیگر، طبق تقسیم‌بندی دکتر بلکینگ، می‌توان موضوع را از جهت دیگر، یعنی «انسان‌های متشکل از آواها» بررسی کرد.

در این کتاب، طبق نظریهٔ «مطالعهٔ موسیقی از زمینه‌های داخلی به موارد خارجی»، ریشه‌های تاریخی و فرهنگی موسیقی عاشیقی و فرایند شکل‌گیری و تکامل آن در طول زمان بررسی می‌شود.

---

۱. موسیقی‌دان اتریشی Johan Fux.

2. John Anthony Randal Blacking

فصل اول (کلیاتی در هنر عاشیقی)

- تاریخچهٔ هنری
- اتیمولوژی واژه
- خاستگاه‌های هنری

تاریخچهٔ هنر عاشیقی

موسیقی عاشیقی آذربایجان ریشه‌ای بسیار کهن دارد و غنی‌ترین نمونهٔ ادبیات و فرهنگ شفاهی آذربایجان است. حافظان و وارثان این هنر اصیل مردمی عاشیق‌های آذربایجان‌اند و این میراث گرانقدر را از اجداد خود (اوزان‌ها) به ارث برده‌اند. «اوزان» را بعضی سخنور و بسیارگو، و برخی دیگر شاعری معنی کرده‌اند که مصراع را با مصراع، قافیه را با قافیه، و بند را با بند هماهنگ می‌کند. برخی اوزان را داستان‌گو و هنرمندی می‌دانند که نظم و نثر را هم‌ساز، و موسیقی و شعر، و آواز و رقص را هم‌آوا می‌کند. اوزان‌ها خنیاگرانی بوده‌اند که پابه‌پای رشد نیروهای تولیدی و توسعهٔ زندگی اجتماعی بالیده، و در گذر زمان خود را به چندین هنر، از جمله شاعری، نوازندگی، آهنگ‌سازی، آوازخوانی، هنرپیشگی، نمایش، تردستی، شعبده‌بازی، داستان‌گویی و داستان‌پردازی آراسته‌اند. اوزان‌ها را می‌توان با همتایان خود در بین اقوام و ملل مختلف، مانند راپسودها (خنیاگران یونان قدیم)، اسکاپ‌ها (خنیاگران، شاعران و نقالان انگلوساکسن)، پواسی‌ها (منظومه‌خوانان دوره‌گرد مسلمان سرزمین بوسنی)، اسکالدها (سرایندگان و نوازندگان اسکاندیناوی در قرون قدیم و میانه)، ترابادورها (خنیاگران فرانسوی در قرون ۱۳ ـ ۱۱ م)، مینیسترئل‌ها(خنیاگران انگلیسی) و باردلارلاها (نوازندگان و خوانندگان ایرلند) مقایسه کرد.

قدیمی‌ترین منبعی که از اوزان نام برده است، کتاب دده‌قورقود است که نسخه‌ای از آن در کتابخانهٔ درسدن آلمان و نسخهٔ دیگری در کتابخانهٔ واتیکان نگهداری می‌شود. نسخهٔ نخست را «دیتس»[1] در اوایل قرن نوزده میلادی کشف کرد و نسخهٔ دوم را «روزی»[2] ایتالیایی به شکلی ناقص در سال ۱۹۵۰م معرفی و منتشر کرد. احتمال می‌رود این دو نسخه، که فاقد کاتب و تاریخ کتابت هستند، در حدود قرن ۱۵تا ۱۶ م از روی نسخهٔ قدیمی‌تری استنساخ شده باشند. پروفسور بارتولد، که عمری را صرف ترجمهٔ متن کامل این اثر به زبان روسی کرده و تعلیقات گران‌بهایی بر آن افزوده است، تاریخ تألیف و تدوین آن را به اوایل قرن نهم هجری (۱۵م) نسبت می‌دهد. حمید آراسلی آذربایجانی و محرم ارگین ترک، دده‌قورقودشناسان معروف، محل نگارش آن را با توجه به اسامی اماکن و اقوام نام‌برده در «دستان»ها و ساختار زبانی‌اش به خطهٔ آذربایجان مربوط می‌دانند. بارتولد می‌گوید: «باور کردنش مشکل است که این داستان‌ها در خارج از محیط قفقاز شکل گرفته باشند».

کتاب دده‌قورقود تلفیقی از نظم و نثر به صورت «دستان» است و تأثیر تعیین‌کننده‌ای بر سنت داستان‌سرایی آذربایجان گذاشته است. «دستان» داستانی است بلند دربارهٔ ماجراهای زندگی قهرمانان گذشته. بیشتر قهرمانان دستان‌های دده‌قورقود افرادی از قبایل اوغوز هستند. سراپای این اثر وقف نمایش و ستایش قهرمانی‌ها، شیوهٔ زندگی، آداب و رسوم، و ارزش‌های اوغوزهای چادرنشین شده است. مردان و زنانی که دلاوری و شرافت را برتر از هر افتخاری می‌دانند، جوانان آن‌ها فقط بعد از هنرنمایی در عرصهٔ نبرد است که نامی می‌گیرند و نامدار می‌شوند. قهرمانان اثر، که درون نظام عشیرتی پدرسالاری زندگی می‌کنند، در راه گسترش اسلام جهاد می‌کنند و در عین حال، عناصر پیش از اسلام زیادی در سنن، و رفتار و کردارشان به چشم می‌خورد. به گفتهٔ جفری لویس: «برخی از آن‌ها به زمانی برمی‌گردد که مذهب ترک‌ها شمنی[3] بوده است.»

---

۱. H.F.Vondies، فردریک فون دیتس

2 .Ettore Rossi

۳. علم یا شکلی از سحر و جادو بوده است که پیروان آن معتقد بودند بدان وسیله می‌توان طبیعت را تحت قدرت و اختیار انسان درآورد.

کتاب ددهقورقود سرمنشأ داستان‌های حماسی و غنایی آذربایجان و آناتولی شمرده می‌شود و از نظر ساخت و بافت و شیوهٔ بیان تلفیقی و داشتن پیوند ناگسستنی با موسیقی و نحوهٔ شخصیت‌پردازی تأثیر چشمگیری بر داستان‌های پرداخته‌شده در این سرزمین نهاده است. این کتاب شامل دوازده «بوی»[1] است که به احتمال قوی بقایایی از منظومهٔ حماسی بزرگی هستند. حماسهٔ کور\اوغلو نیز مجموعه‌ای از یک رشته قول[2] (مجلس) است که تاکنون ۲۱ قول آن در آذربایجان ثبت و منتشر شده است. این بوی‌ها و قول‌ها در عین استقلال نسبی به هم پیوسته‌اند. کور\اوغلو هم مثل ددهقورقود ــ که در همهٔ بوی‌ها شرکت دارد ــ در همهٔ قول‌ها ظاهر می‌شود. هر زمان که دلاوران گرفتار مشکل بزرگی می‌شوند، کور\اوغلو به دادشان می‌رسد و ددهقورقود نیز با رهنمودهای خود گره از کار فروبستهٔ دلاوران می‌گشاید.

شباهت‌های موجود بین قهرمانان هر دو اثر، و رفتار و کردار آنان این ظن را قوی کرده است که عاشیق‌های پردازندهٔ کور\اوغلو با سنت داستان‌پردازی شفاهی اوزان‌های ددهقورقودپرداز آشنایی داشته و خودبه‌خود تحت تأثیر آن قرار گرفته‌اند. به هر حال، ددهقورقود نمونهٔ اوزان‌های قدیم است که از اوبه‌ای[3] به اوبه‌ای می‌رود و به تناسب شرایط و احوال، قوپوز[4] می‌زند، نغمه می‌خواند، افسانهٔ دلاوری‌های قهرمانان مردم را می‌سراید، بر جوانانی که شایستگی و پهلوانی نشان داده‌اند نام می‌گذارد، دعای خیرش را بدرقهٔ راه دلاوران می‌کند، شور برمی‌انگیزد، و در تمام لحظه‌های خوش و ناخوش مردم حضور می‌یابد. اوزان چون دوره‌گرد است و با مردم پیوند نزدیک دارد. آگاهی‌های زیادی کسب می‌کند و از همه جا و همه کس خبر می‌دهد. چنان‌که دلدادگان، مادران، و خواهران سراغ یار و فرزند، برادر، و عزیزان به غربت‌رفتهٔ خود را از او می‌گیرند.

عاشیق (آذری) و بخشی (ترکمن) در حقیقت، خلف اوزان به شمار می‌روند و سازشان تکامل‌یافتهٔ قوپوز اوزان است. عاشیق‌ها بنا بر سنت ددهقورقود، فرزانگانی هستند که

---
1. boy
2. qol

۳. چادرهای بزرگی که با پشم گوسفند وشتر بافته می‌شود.
۴. qopuz: ساز عاشیقی

سینه‌هایشان گنجینهٔ داستان‌های حماسی و عاشقانه، و افسانه‌ها و نغمه‌های مردمی است. عاشیق سازبه‌دست از دهی به دهی می‌رود، در عروسی‌ها، جشن‌ها و آیین‌های مردم شرکت می‌کند، ساز می‌زند، نغمه و داستان می‌سراید و با خواندن شعرهای حماسی، احساسات پاکِ انسانی و آزادی‌خواهانه را در روح و جان مردم زنده می‌کند. عاشیق با تمام وجود خود به مردم وابسته است؛ و در غم و شادی‌هایشان شریک. با آن‌ها می‌جوشد و نفس می‌کشد.

از سابقهٔ تاریخی عاشیق‌ها تا پیش از قرن شانزدهم میلادی، جز آنچه دربارهٔ اوزان‌ها بیان شد، آگاهی‌های دقیقی در دست نیست. پژوهش‌هایی که در این زمینه انجام شده است، نشان می‌دهد که حدود دویست الی سیصد سال قبل از میلاد، در منطقه‌ای به نام «یئنی سئی» سنگ‌نبشته‌ای به دست آمد که در آن اشاره‌هایی به نغمه‌های هجایی عاشیقی شده است. در این سنگ‌نبشته، شکل یک ساز، که شبیه ساز عاشیقی کنونی است، حک شده و آنچه مسلم است این است که در زمان هون‌ها، عاشیق و ساز عاشیق وجود داشته است. در میان قبایل «از» و «اوز»[۱]، عاشیق را «بئجان» می‌گفتند. بئجان‌ها حرمت خاصی داشتند. گروهی از آن‌ها کاهن بودند و به مداوای مردم نیز می‌پرداختند. گفته‌اند در بین اوزان‌ها و بئجان‌ها، ساز از چنان تقدسی برخوردار بود که اگر در دست دشمن مشاهده می‌شد، از کشتن او صرف نظر می‌کردند. بنا بر آنچه از روایات شفاهی و عامیانه برمی‌آید، در گذشته‌های دور، واژه‌های «اوجان»، «بئجان»، «قام» و «تویون» همگی بیانگر همان مفهوم «گوسان»، «اوزان» یا «عاشیق» بودند. همین منابع حکایت از آن دارند که دو واژهٔ «اوزان» و «دده» در ترکی نیز به معنی و مفهوم «عاشیق» به کار می‌رفته‌اند. «دده» در ترکی به معنی پدربزرگ و هنوز هم عنوانی است برای مردان پاک و مقدس.

واژه‌های «خسته»، «مسکین»، «ابدال»، و... بیانگر فروتنی و عجز عاشیق‌های استاد در مقابل قدرت بیکران الهی شمرده شده و استادان عاشیقی هر چقدر در هنر و علم زمان خود عالم‌تر می‌شدند، این‌گونه کلمات را با نام خود همراه می‌کردند.

---

۱. az و üz

اتیمولوژی واژهٔ عاشیق

بسیاری عاشیق را شکل آذربایجانی کلمهٔ «عاشق» عربی می‌دانند، که در لهجهٔ آذربایجانی به شکل «عاشیق» گفته می‌شود؛ اما پروفسور محمدحسن تهماسب عقیده دارد: «ریشهٔ عاشیق واژهٔ آش است، که دیگر در ترکی امروزی به کار نمی‌رود. مصدر آشیلاماق (تلقین کردن، تزریق کردن)، از همین ریشه، هنوز هم استفاده می‌شود.»

این استاد فولکلورشناس معتقد است: «کلمهٔ 'آشوله' در زبان ترکی ازبکی به مفهوم ترانه و آهنگ است و آشوله‌چی، به معنای خواننده، با واژهٔ عاشیق از یک ریشه هستند. عاشیق‌ها در طول تاریخ به اسامی مختلفی چون: 'وارساق'، 'ایشیق'، 'اوزان' و 'نشاق' شناخته می‌شده‌اند. بعضی از محققین فولکلور ملل ترک به این نتیجه رسیده‌اند که عاشیق برگرفته از کلمهٔ ترکی 'ایشیق' به مفهوم نور و روشنایی است.»

عاشیق‌ها در میان اقوام مختلف ترک‌زبان به عناوین و اسامی مختلفی نامیده می‌شوند. در ترکمن‌صحرا و جمهوری ترکمنستان «باغشی»، در ازبکستان «باخشی»، «بخشی» و «جیرچی»، و در ترکیه و آذربایجان و ایران «عاشیق» نامیده می‌شوند. در هر صورت، عاشیق هنرمندی است که شعر می‌گوید، می‌نوازد و می‌خواند.

خاستگاه‌های هنر عاشیقی در ایران

هنر عاشیقی همانند دیگر هنرهای اصیل و مردمی دارای خاستگاه‌هایی است که هر کدام ویژگی‌هایی دارند که آن‌ها را از بقیه ممتاز می‌کند. برخی از این خاستگاه‌ها، که «محیط» نامیده می‌شوند، با توجه به خصوصیات منحصر به فردی که پیدا کرده‌اند، در هنر عاشیقی دارای سبک و مکتبی خاص شده‌اند که از آن جمله می‌توان به مکتب «تبریز ـ قره‌داغ» در ایران، و یا مکتب «شوشا ـ قره‌باغ» در جمهوری آذربایجان اشاره کرد.

پروفسور علی قافقازیالی[1]، پژوهشگر معروف ترکیه که تحقیقات زیادی در زمینهٔ عاشیق‌های ایران کرده است، محیط‌های عاشیقی را در ایران به شرح زیر بخش‌بندی می‌کند:

---

1. Prof. Ali Kafkasyali

محیط تبریز ـ قره‌داغ
محیط ارومیه (خوی و سلماس)
محیط سولدوز ـ قاراپاپاق
محیط زنگان (زنجان ـ ابهر)
محیط خراسان ـ ترکمن‌صحرا
محیط قم ـ ساوه
محیط شیراز ـ قاشقای

هر کدام از خاستگاه‌های فوق‌الذکر دارای ویژگی‌های خاصی بوده و استادان بنامی دارند.

فصل دوم (ادبیات عاشیقی)

داستان‌ها

انواع شعرها

داستان‌های عاشیقی

این داستان‌ها بر اساس موضوع خود به دو دستهٔ داستان‌های قهرمانی و حماسی، و داستان‌های محبت تقسیم می‌شوند. از داستان‌های قهرمانی می‌توان به داستان‌های کوراوغلو، قاچاق نبی، قاچاق کرم، شاه اسماعیل و عرب زنگی و... اشاره کرد. از داستان‌های محبت نیز می‌توان اصلی و کرم، عاباس و گولگز، طاهر و زهره، عاشیق غریب و شاه صنم، تئلیم و مهری، غلام حیدر و... را نام برد.

داستان‌های عاشیقی به دو شکل نثر و نظم بیان می‌شوند. عاشیق‌ها بخش‌های نثر داستان را روایت کرده و قسمت‌های نظم آن را در آهنگ‌های مختلف با ساز و آواز می‌خوانند. هر دو بخش داستان‌ها با هم مرتبط‌اند و گفت‌وگوهای مابین شخصیت‌های داستان نیز بیشتر به صورت نظم می‌آید. در این شعرها، شخصیت‌ها اتفاقاتی که برایشان پیش آمده، وضعیت روحی، و احساسات و هیجانات خود را بازگو می‌کنند. داستان‌ها معمولاً در عروسی‌ها، جشن‌ها، قهوه‌خانه‌ها و مجالس گفته می‌شوند. گاه دو یا چند عاشیق به کمک هم به نقل داستان می‌پردازند و هر کدام به جای یکی از شخصیت‌ها، قسمت‌های نظم را با ساز و آواز می‌خواند. در داستان‌های عاشیقی، به یک باور دینی به نام «بوتا وئرمک» برمی‌خوریم. بوتا وئرمک بدین معنی است که حضرت علی(ع) یا حضرت خضر(ع) ـ در داستان‌های قبل از اسلام حضرت خضر(ع)، و در داستان‌های بعد از

اسلام حضرت علی(ع) ـ در لباس درویشی و با سیمایی نورانی به خواب قهرمان داستان آمده و دختری را نشان داده، می‌فرمایند: «فرزندم، او را به تو و تو را به او نامزد کردم، مشقات زیادی خواهید کشید؛ ولی در پایان به هم‌دیگر خواهید رسید.»

کسی که چنین خوابی می‌بیند، بعد از بیدار شدن، به کلی تغییر می‌کند. در قلب او نوری می‌درخشد، عاشق و شیفته و در واقع «عاشیق» می‌شود. ساز را به زیبایی تمام می‌نوازد، آواز می‌خواند، بداهه شعر می‌سراید و خلاصه به همهٔ رموز هنر عاشیقی واقف می‌شود. به علاوه، از ضمیر انسان‌ها آگاه، به رازهای مگو آشنا، و از حوادث تاریخی، جریانات و سرگذشت حاکمان، پیامبران و مسائل دینی باخبر می‌شود. از این دسته عاشیق‌ها می‌توان از «قوربانی»، «عاباس توفارقانلی»، «غریب» و... نام برد.

در خلال جریانات داستان‌ها، عاشیق‌ها با توجه به قدرت بیان و خوانندگی و نوازندگی خود، در القای خصوصیات متعالی قهرمانان داستان به شنوندگان می‌کوشند.

داستان‌های لیریک و عاشقانه

این دسته از داستان‌ها بخش بزرگی از ادبیات شفاهی آذربایجان را به خود اختصاص می‌دهند. بررسی و تحلیل آن‌ها خود می‌تواند به درک عمیق‌تری از هنر عاشیق بینجامد. معروف‌ترین این داستان‌ها، که هم در ایران و هم در جمهوری آذربایجان و ترکیه و برخی نیز در ترکمنستان و قزاقستان رواج دارند، عبارت‌اند از: اصلی و کرم، عاشیق غریب و شاه صنم، صیدی و پری، شاه اسماعیل، معصوم و دل‌افروز، صیاد و سدت، آلی‌خان و پری خانم، عاباس و گولگز، عبدالله و جهان، غلام حیدر و سوسنبر، طاهر و زهره، نوروز و قنداب، احمد و عدالت و...

داستان‌های قهرمانی

این داستان‌ها، که سرمنشاء آن‌ها بوی‌های کتاب دده‌قورقود است، بخش مهمی از ادبیات عاشیقی به شمار می‌رود. حماسه‌های کوراوغلو بعد از داستان‌های دده‌قورقود مهم‌ترین

داستان‌های قهرمانی و حماسی آذربایجان هستند که در ساز و آواز عاشیق‌ها جایگاه مهمی دارند. این داستان‌ها، که ترکیبی از نظم و نثرند، شرح مبارزات کوراوغلو و دلاوران اوست که علیه خوانین و سلاطین دوران خود به پا خاسته بودند. داستان‌های قهرمانی قاچاق نبی، قاچاق کرم، ستارخان، و باقرخان از دیگر داستان‌های حماسی و قهرمانی آذربایجانی است که عاشیق‌ها می‌خوانند.

انواع شعرهای عاشیقی

شعر عاشیقی، بر خلاف فرم و شکل ساده‌اش، مفاهیم عمیق فلسفی، دینی، انسانی، احساسی، اجتماعی و گاه بنا بر نیاز زمان و محیط، مفاهیم سیاسی را در خود پرورانده است. از باب مثال، می‌توان به نوعی شعر عاشیقی اشاره کرد که بر اساس حروف نهاده شده است. این نوع شعر برگرفته از فلسفهٔ نهضت «حروفی‌گری» است که نعیمی، شاعر مبارز و عارف بزرگ، و به دنبال او عمادالدین نسیمی بنیاد نهادند.

دکتر جواد هیئت، پژوهشگر فرهنگ آذربایجان، ویژگی‌های عاشیق‌ها و شعر عاشیقی را به شکل زیر بیان می‌کند:

۱. عاشیق‌ها نوازندگان و شاعرانی هستند که اشعارشان را با ساز می‌خوانند؛
۲. شاعران ساز (عاشیق) عموماً اشعار خود را با اوزان هجایی می‌سرایند؛
۳. زبان شعری آن‌ها سلیس و نسبتاً ترکی خالص است؛
۴. عاشیق‌ها شعر و موسیقی را اثری واحد می‌دانند و هنگام سرودن شعر، آهنگ آن را نیز می‌سازند؛
۵. عاشیق‌ها اشعار خود و دیگر عاشیق‌ها را در بین مردم انتشار می‌دهند؛
۶. در شعر عاشیقی، آرزوها، امیدها، زندگی و معیشت، جهان‌بینی، مبارزه، و گاه مسائل دینی به شکلی بدیع منعکس می‌شود.

درخشان‌ترین دورهٔ تاریخی شعر عاشیقی، دورهٔ سلطنت شاه اسماعیل صفوی (متخلص به ختایی) است. توجه او به گسترش شعر و ادب ترکی موجب شد شعر عاشیقی، که از نظر موسیقی

و زبان اصالت بیشتری داشت، متداول شود. این اصالت پیامد زبانی ساده، روشن و در عین حال زیبا و وزنی هجایی است. مهم‌ترین و رایج‌ترین ژانرهای شعر عاشیقی در زیر آمده است.

قوشما

این نوع شعر از انواع پرکاربرد و رایج شعر عاشیقی است. نوع حاضر شعری بندبند است که بین سه تا شش یا هفت بند تغییر می‌کند. از انواع اشعار هجایی است و هر مصراع آن ۱۱ هجا دارد. قافیه‌های آن نیز این گونه می‌آیند: آ ـ ب ـ و ـ ب ـ ق ـ ق ـ ق ـ ب ـ د ـ د ـ د ـ ب، و...

هر بند از قوشما از چهار مصراع تشکیل می‌شود و از مصطلح‌ترین شعرهای شفاهی به شمار می‌رود. هر چند قبل از «ملاپناه واقف» با این نوع شعر روبه‌رو می‌شویم؛ ولی به طور مشخص ملاپناه آن را وارد ادبیات عربی و ترکی کرده است.

در بند پایانی قوشما، شاعر نام و یا تخلص خود را به‌کار می‌برد. این نوع شعر قدمت زیادی دارد؛ به طوری که بر اساس یک نظریه، ادبیات عاشیقی با قوشما آغاز شده است. قوشما نام عمومی اشعار عاشیقی در برهه‌ای از فعالیت عاشیق‌ها نیز بوده است. در قالب قوشما، شاعران برجسته‌ای چون: قاضی برهان‌الدین، شاه اسماعیل ختایی، ذاکر، عاشیق‌پری و دیگران را می‌بینیم. بسیاری از شاعران معاصر نیز در این قالب شعری، طبع‌آزمایی کرده‌اند.

قوشما به مثابهٔ غزل در شعر و ادبیات مکتوب است. به مصراع‌هایی که «قافیهٔ اصلی» در آن آمده است، «باغلاما» گفته می‌شود. قوشما بر اساس مضامین خود به سه دسته تقسیم می‌شود:

الف) گؤزللمه: که موضوع آن عشق، محبت، احساسات عاطفی و... است؛

ب) قوچاقلاما: که موضوع آن جنگ، شجاعت و قهرمانی است؛

ج) آغی: که مضمون آن عزا، ماتم و مرگ است.

قوشماها از لحاظ فرم و شکل نیز به انواع مختلفی از جمله: «قوشا یاپراق»، «گوللو»، و «آیاقلی» تقسیم می‌شوند.

یک قوشمای بسیار معروف از عاشیق «قربانی»

باشینا دؤندویوم آی قشنگ پری
عادت‌دیر، دررلر یاز بنؤشه‌نی
آغ نازیک أللرله در، دسته باغلا
تر بوخاق آلتیندا دوز بنؤشه‌نی

(دورت بگردم ای پری زیبا.
عادت است که بنفشه را در بهار بچینند.
با آن دست‌های ظریف و سپیدت بچین و دسته کن،
و در زیر گلوی شادابت، ببند بنفشه‌ها را.)

تانری سنی خوش جمالا یئتیرمیش
سنی گؤرن عاشیق عقلین ایتیرمیش
ملک‌لر می درمیش، گؤیدن گتیرمیش
حئییف کی دریبلر آز بنؤشه‌نی

(خداوند تو را در نهایت زیبایی آفریده است.
عاشقی که تو را دیده عقل از سرش پریده.
آیا فرشته‌ها آن را از آسمان چیده و آورده‌اند.
ولی حیف که کم چیده‌اند.)

باشینا دؤندویوم، باغا گل باغا
او گؤزل حسنوندن باغا نور یاغا
دسته‌دسته دریب تاخار بوخاغا
بنؤشه قیز ایگلر، قیز بنؤشه‌نی

(دورت بگردم بیا، به باغ بیا.
تا از آن رخسار زیبایت باغ نورباران شود.
دسته‌دسته چیده و بر سینه می‌آویزد.
دختر بنفشه می‌بوید و بنفشه دختر را.)

سحر اولجاق شئیدا بولبول اوخوشدو
حکم اولوندو سلیمان‌لار یئریشدی
سرت قیش گلدی، گولون واختی سووشدو
داها ایگله‌میریک بیز بنؤشه‌نی

(سحر که شد، بلبل شیدا به نوا درآمد.
فرمان رسید و سلیمان‌ها به صف شدند.
زمستانی سخت رسید و زمان گل گذشت.
دیگر نمی‌بوییم عطر بنفشه را.)

قوربانی دئر: کؤنلوم بوندان سا یری‌دیر
نه ائتمیشم یاریم مندن آیری‌دیر؟
آیریلیق‌می چکیب بوینو أیری‌دیر؟!
هئچ یئرده گؤرمدیم دوز بنؤشه‌نی

(قربانی می‌گوید: دلم از این، در غم است.
چه کرده‌ام که یارم از من جداست؟
مگر جدایی کشیده که گردنش کج است؟!
هیچ جا بنفشه را راست ندیدم.)

بندی از یک نمونه قوشمای «قوشا یا پراق»

ای وطن، قوینوندا ازلدن منی
بسله‌دین ایستکلی آنالار کیمی
قان آغلارام سندن دوشسم ایراغا
آنادان آیریلان بالالار کیمی

(ای وطن، از ازل مرا در آغوش خویش پروردی؛
چون مادران مهربان.
خون می‌گریم اگر از تو جدا شوم؛
چون کودکانی که از مادر خود دور می‌افتند.)

عاشیق عزیز شهنازی

گرایلی

این گونه شعر عاشیقی بین سه تا هفت بند است و هر بند از چهار مصراع هشت‌هجایی تشکیل می‌شود. قافیه‌ها و ردیف‌ها همانند قوشما است. گرایلی از نظر موسیقی روان‌ترین و رقصان‌ترین وزن و آهنگ را دارد.

یک نمونه از گرایلی

گل بیر سندن خبر آلیم
سلیمان‌دان قالان دونیا
ازلی گول کیمی آچیب
آخیریندا سولان دونیا

(بگذار از تو سؤال کنم.
دنیایی که از سلیمان (ع) مانده‌ای،
دنیایی که در ازل چون گلی بشکفته،
و در پایان پژمرده‌ای.)

دئه گؤروم نه‌یه طالیب‌سان
درسینی کیمدن آلیب‌سان؟
نئچه مین یول بوشالیب‌سان
نئچه مین یول دولان دونیا

(بگو ببینم خواهان چه هستی؟
و از که درس فراگرفته‌ای؟
دنیایی که چندین هزار بار خالی شده،
و چندین هزار بار پر گشته‌ای.)

«خسته‌قاسیم» قالیب ناچار
بو سیرری بس کیملر آچار؟
گلن قونار، قونان کؤچر
هئی سالارسان تالان دونیا.

(خسته قاسم حیران مانده است.
این راز را که خواهد گشود؟
آنکه می‌آید و می‌نشیند، روزی کوچ می‌کند و می‌رود.
دنیایی که همه چیز را به یغما می‌بری.)

عاشیق خسته‌قاسیم

تجنیس

در این نوع شعر، قافیه‌ها از جناس برخوردارند. تجنیس اوج قابلیت، مهارت و استادی عاشیق را نشان می‌دهد. در این نوع شعر، مفاهیمی عمیق و در عین حال معماگونه به کار گرفته می‌شود. در تجنیس آنچه بیشتر مد نظر است، آرایه‌های ادبی و صنایع لفظی در شعر است. عاشیق‌ها در مقابله و رویارویی با هم‌دیگر برای به زانو درآوردن حریف، بیشتر به این نوع شعر می‌پردازند.

استادان ادبیات عاشیقی چون: «دده قوربانی» «خسته‌قاسیم»، «دده علعسگر»، «عابباس توفارقانلی»، «عاشیق قشم» و دیگران در این نوع شعرها، عمق دانسته‌های علمی، تاریخی، ادبی و اجتماعی خود را نشان داده‌اند. برای آزمودن یک عاشیق کافی است از او شعر تجنیس خواسته شود.

نمونه‌ای از تجنیس

بیر گؤزلین جمالینا مایی‌لم
نه مدت دیر گؤزل مندن یایینیر
من قوربانام آغ اوزونده او خالا
زنخدانین شعله‌گاهی یایی نور

(مفتون جمال دلبری هستم،
که مدت‌هاست از من گریزان است.
فدای آن خالی شوم که بر چهرهٔ سفید اوست.
و شعله‌گاه زنخدانش که نور می‌افشاند.)

خسته کؤنلوم یار بسله‌میش، همدردی
درد بیلمزه دئمک اولماز همدردی
بیر ایگیدین یاخشی اولسا همدردی
قیشی نوردور، یازی نوردور، یایی نور

(دل دردمندم برای خود همدردی آفریده است.
کسی که دردی ندارد، همدرد نمی‌تواند باشد.
آنکه همدرد خوبی دارد اما،
زمستانش نور است، بهارش نور و تابستانش نور.)

«خسته‌قاسیم» بو لزگینی یاراتار
چتین گونده، چتین سنی یار آتار
اوز چئویرسه، مژگان اوخون یار آتار
الی نوردور، اوخو نوردور، یایی نور

(خسته‌قاسیم این ترانه را می‌آفریند.
در تلخکامی‌ها، یار تو را تنها نمی‌گذارد.
اگر یار روی برگرداند و تیر از مژگان بیندازد،
دستش نور است، تیرش نور و کمانش نور.)

عاشیق خسته‌قاسیم

اوستادنامه

استادنامه‌ها شامل پند و نصیحت، تشویق به خوبی، عقل، کمال و فضایل انسانی‌اند. در این نوع شعر، به بی‌اعتباری و ناپایداری دنیا، و ماندگاری نام نیک پرداخته می‌شود و با مثال آوردن پادشاهان و فرمانروایان گذشته (قارون، سلیمان، اسکندر و...)، مردم به پرهیز از حرص و طمع به مال دنیا دعوت می‌شوند. اغلب موضوعات دینی و عرفانی در این نوع شعر انعکاس پیدا می‌کند. استادنامه‌ها را پیش از آغاز داستان، عاشیق‌ها با ساز و آواز می‌خوانند، که این خود اهمیت این نوع شعر را در نزد عاشیق‌ها آشکار می‌کند.

نمونه‌ای از استادنامه

یوز ایل ده اولاسان بیر باغا باغبان
آخیر سرانجامی باغ سنه قالماز
نه جان قالار جسدینین ایچینده
نه ده‌کی جسدین ساغ سنه قالماز

(اگر صد سال هم باغبان باغی باشی،
سرانجام باغ برای تو نمی‌ماند.
نه جان در جسدت ماندگار می‌شود،
نه جسمت سالم می‌ماند.)

مرد اولاسان بو میداندا دوراسان
چوخ پهلوان‌لاری یولدا یوراسان
یوز أللی میناره سن قوردوراسان
هئچ بیریندن بیر اوتاق سنه قالماز

(اگر یلی باشی، در میدان بایستی،
پهلوان‌های زیادی را شکست دهی،
صد و پنجاه برج هم اگر بسازی،
از هیچ کدام یک اتاق هم برایت نمی‌ماند.)

«صمد» دئییله‌نه باخماز دئییرسن
داغجان اولسان، قیلجان قالماز أریرسن
داش آلتیندا تورپاق اوسته چورورسن
آخیر سوموک‌لرین ساغ سنه قالماز

(صمد به گفته‌ها اعتنایی نمی‌کند.
کوه هم اگر باشی، اندازه یک مو از تو نمی‌ماند.
زیر سنگ و روی خاک می‌پوسی.
در آخر، استخوان‌هایت هم برای تو سالم نمی‌ماند.)

عاشیق صمد

دئییشمه

نوعی شعر عاشیقی است که به شکل سؤال و جواب یا گفت‌وگو و مناظره باشد. در این شعر، مهارت و دانش و استعداد عاشیق‌ها محک زده می‌شود. در مجالس بزرگ و در مقابل تعداد زیادی از مردم، عاشیق‌ها به مناظره می‌پردازند. در ابتدای کار، عاشیق‌ها شرط می‌بندند که بازنده سازَش را تحویل داده و حتی دیگر به عاشیقی نپردازد؛ سپس با ساز و آواز سؤالاتی از هم‌دیگر (به نوبت) می‌کنند. در این نوع شعر، کسی برنده از میدان خارج می‌شود که اول به مسائل دینی، تاریخی، ادبی، اجتماعی و... آگاهی بیشتری داشته باشد و دوم بتواند معلومات خود را بداهه و به شکل شعر، آن هم با ردیف و قافیه و وزن شعر طرف مقابل بیان کند.

نمونه‌ای از مناظره بین عاشیق‌ها، «خسته‌قاسیم» و «لزگی احمد»

خسته‌قاسیم:

او کیمدیر کی، اوتوزوندا جوان دیر
اون بئشینده قوجالانی اؤلودور
او نه دیر کی دیلی آیری، سؤزو بیر
او هانسی دریادیر ایچی دولودور؟

(آن چیست که سی‌روزه‌اش جوان است؛
ولی پانزده‌روزه‌اش پیر و بزرگ؟
آن چیست که زبانش شکافته؛ اما حرفش یکی است؟
آن کدام دریاست که پر و انباشته است؟)

لزگی احمد:

او آی دیر کی اوتوزوندا جوان دیر
اون بئشینده قوجالانی اؤلودور
او قلم دیر، دیلی آیری، سؤزو بیر
علم دریاسی هر دریادان دولودور

(آن ماه است که در سی‌روزگی جوان است
و در پانزده‌روزگی‌اش پیر و بزرگ‌تر.
آن قلم است که زبانش شکافته؛ ولی حرفش یکی است.
و دریای علم از هر دریایی پرتر است.)

مخمس

هر بند از این نوع شعر پنج مصراع دارد و هر مصراع از ۱۶ هجا تشکیل می‌شود. گاه برای اینکه مصراع‌ها با توجه به ۱۶هجایی بودنشان عاشیق را خسته نکنند و هنگام خواندن نفس‌گیر نباشند، آن‌ها را به دو قسمت تقسیم می‌کنند. بدین ترتیب، هر بند دارای ده مصراع می‌شود. «ملاجمعه» بزرگ‌ترین استاد شعر مخمس است.

یک نمونه از مخمس‌های ملاجمعه

ناگهان گؤردو گؤزوم، سن تکی انسانی پری
حوری سن، ملکه سن، جنتین غیلمانی پری
یارالار مرهمی‌سن، دردلرین درمانی پری
گؤزل لر سرداری سان، محبوب‌لار خانی پری
شاه کیمی تخته چیخیب، ائده‌رسن دیوانی پری

(ناگهان تو را دیدم، انسانی مانند تو را ای پری.
تو حوری هستی، ملک هستی، یا فرشتهٔ بهشتی، ای پری؟
مرهم زخم‌های من، درمان دردهایم پری.
پادشاه خوبانی، سرور زیبایانی، ای پری.
چون پادشاه بر تخت نشسته، سلطنت می‌کنی ای پری.)

دیوانی

شعر دیوانی، در مقایسه با انواع دیگری از شعر عاشیقی، از قدمت بیشتری برخوردار است. در این نوع شعر، تعداد بندها آزاد است و هر بند از چهار مصراع ۱۵هجایی تشکیل می‌شود. گاه این مصراع‌ها به علت طولانی بودنشان، به دو قسمت تقسیم می‌شوند. مصراع‌های اول، دوم، و چهارم در بند اول هم‌قافیه و مصراع سوم آزاد است. بندهای بعدی مانند قوشما و گرایلی است. دیوانی نام چند آهنگ موسیقی عاشیقی نیز هست.

یک نمونه شعر دیوانی

دلی کؤنول شروع ائیله ابتداده بسم‌الله
هر ایش گؤرسن اوّل سؤیله بو دونیاده بسم‌الله
اوزو بیردیر، آدی مین بیر لاشریک و لامکان
هاردا قالسان گردابده یئتر داده بسم‌الله

(دل دیوانه، از ابتدا با نام خدا شروع کن.
هر کاری که می‌کنی، اول بگو بسم‌الله.
خودش یکی است و نامش هزار و یک. لاشریک و لامکان است.
هر کجا در گرداب ماندی، او به دادت می‌رسد.)

بسم‌الله دیر خلق ائیله‌ین اون سگگیزمین عالمی
اودور احد، اودور صمد، اونون یوخدور همدمی
آب و آتش، خاک و باددان ظهور ائتدی آدمی
نسلیندن نئچه مین نبی گتدی ایجاده بسم‌الله

(آنکه هجده هزار عالم را خلق کرده، خداست.
احد اوست، صمد اوست، او یکتاست و شریکی ندارد.
آدمی را از آب و آتش، خاک و باد آفرید.
و از نسل آدم چند هزار پیامبر فرستاد.)

عاشیق عزیز شهنازی

تصنیف

شعری است ساده، روشن، زیبا و شیرین. هر بند از چهار مصراع پنج‌هجایی(گاه از پنج مصراع چهارهجایی) تشکیل می‌شود. بیشتر مضمون آن تغزلی و لیریک است.

یک شعر یا تصنیف

آغلاییب گوللم
گؤز یاشین سیللم
قوربان کسیللم
سن بیزه گلسن

(می‌گریم و می‌خندم،
اشک‌هایم را پاک می‌کنم
قربانی تو می‌شوم،
اگر به خانه ما بیایی.)

گئتمه کوسرم
یئل تک أسرم
قوربان کسرم
سن بیزه گلسن

(اگر از کنارم بروی، قهر می‌کنم.
چون باد می‌وزم.
فدای تو می‌شوم،
اگر به خانه ما بیایی.)

ملاجمعه

قیامت احوالاتی (احوالات روز قیامت)

در این نوع شعر، همچنان که از نامش پیداست، از حوادث و مسائل روز قیامت و محشر خبر داده می‌شود. بدکاران به کیفر، و نیکوکاران به پاداش بشارت داده می‌شوند. عاشیق‌ها در این شعر با کنایه و استعاره مردم را از آتش دوزخ می‌ترسانند و با زبان شیوای شعر آنان را به نیکوکاری، انجام فرائض دینی، و پرهیز از اعمال زشت دعوت می‌کنند.

نمونه‌ای از این نوع شعر

گناهکار بنده نی یاندیر اجاق نار
مؤمنه دایا قدیر حی کردگار
لافتی شأنینده گلدی ذوالفقار
علی نی هامیدان وجیه گؤروبدور

(بندهٔ گناهکار در آتش خواهد سوخت.

خداوند پشتیبان مؤمن است.
لافتی در شأن علی(ع) گفته شده.
و علی(ع) زیباتر از همه آمده است.)

عاشیق قشم

معراج‌نامه

در این نوع شعر، عاشیق از معراج پیامبر(ص) می‌گوید و شرح معراج حضرت محمد(ص) را به زبان شعر بازگو می‌کند.

یک نمونه از این نوع شعر

امر اولدو جبرئیل وئردی ندانی
بسم‌الله ذکری ایله اولوندو خطاب
قرائت اولوندو رسول آللاها
معبود گؤروشونه ائیله دی شتاب

(از جانب خداوند به جبرئیل امر شد،
تا به نام خدا به پیامبر ندا دهد.
که به دیدار معبود بشتابد.)

عاشیق مناف

وجودنامه

این نوع شعر به شرح مراحل خلقت و زندگی انسان، دوران کودکی، و جوانی و پیری او می‌پردازد.

بندی از یک نمونه از این نوع شعر

اصلی بنی‌آدمین وصفین سؤیله‌دیم
آتا وجودوندان گلدیم آنایا
آنا بدنینده قان اولدوم دوردوم
آنا حمل اولدو قالدی وداعیا

(وصف به وجود آمدن یک انسان را بگویم.
از وجود پدر به وجود مادر آمدم.
در بدن مادر به خون تبدیل شدم.
مادرم مرا حمل کرد.)

... اول باشلانغیچ‌دا بنیاد اولدو دیل
ایکی گؤزلر اولدو اونا مقابل
ایکی داماق، ایکی جیگر، بیر اوره‌ک حاصل
دوققوز گونده تاماملاندیم اعضایا...

(...اول از همه زبان به وجود آمد.
سپس دو چشم ایجاد شد.
دو دماغ و دو جگر و یک قلب حاصل شد.
بعد از نه روز، اعضایم تکمیل شد...)

عاشیق واله

علاوه بر انواع گفته‌شده، شعر عاشیقی گونه‌های مختلفی نیز چون: «ترسه حروفات»، «عددی دیوانی»، «کؤلگه‌سیز»، «قاریندان چیخما»، «دوداق دهیمز» و... دارد.

فصل سوم (موسیقی عاشیقی)

سازها

آهنگ‌ها

نت‌نگاری آهنگ‌ها (هاواها)

آلات موسیقایی عاشیقی
قوپوز (ساز)
ساز امروزین عاشیق‌ها از تاریخی بسیار کهن برخوردار است و بنا به عقیدهٔ اغلب پژوهشگران سلف «ساز»، «قوپوز» نام داشت. در کتاب دده‌قورقود، که حاوی داستان‌های اساطیری و قهرمانی ترکان اوغوز است، اطلاعات خوبی دربارهٔ قوپوز آمده است. ساز با توجه به شرایط اجتماعی و فرهنگی متناسب با زمانه، مراحل مختلف تکامل خود را طی کرده است.

اجرای با کیفیت و سلیس آهنگ‌های عاشیقی، علاوه بر صدای عاشیق و تبحّر نوازندگی وی، به کیفیت ساز نیز مربوط می‌شود. تصادفی نیست که عاشیق‌ها به سازندگان قوپوز ـ سازبندها ـ احترام خاصی قائل شده و آن‌ها را «استاد» خطاب می‌کنند. آن‌ها نیز مانند عاشیق‌ها دارای چندین هنر هستند؛ علاوه بر نجّاری و خرّاطی، نقاشی و منبّت‌کاری روی چوب را نیز می‌دانند و اطلاعات خوبی در آکوستیکای موسیقی دارند؛ از طرف دیگر، به آهنگ‌های عاشیقی مسلط بوده و نوازندگان خوبی هستند.

سازبندها نیز مانند عاشیق‌ها، رموز هنر خود را به شاگردانشان منتقل می‌کنند. لازم به ذکر است که تزیین ساز با صدف، به سازبندهای متبحّر سپرده می‌شود. همان طور که هر یک از عاشیق‌ها ویژگی‌های خاصی دارند، ساز آن‌ها نیز ویژگی‌های منحصر به فردی داشته و با سازهای دیگر تفاوت‌های ظاهری و گاه ماهوی دارند.

ساز عاشیقی آلتی چوبی از ادوات زهی مضرابی است، که کاسه‌ای گلابی‌شکل و حجیم دارد و به صورت ترکه‌ای و در نُه قطعه ـ به دلیل اعتقادات خاصشان ـ ساخته می‌شود. در گذشته، همهٔ ظرایف این ساز در ساخت بر پایهٔ عدد نُه بوده است: نُه ترکه یا کاسه، نُه وتَر یا سیم، و نُه پرده یا دستان که در اثر مسائل مختلف، تغییرات فراوانی در آن صورت پذیرفته است.

برخی تعداد دستان را تا ۱۶ عدد افزایش داده‌اند. برخی از سازبندها نیز ترکه‌ها را باریک‌تر گرفته و در جهت ایجاد زیبایی ظاهری و نوعی رقابت بی‌هدف و صرفاً اقتصادی آن‌ها را تا ۱۳یا۱۵ ترکه تغییر می‌دهند؛ اما حجم اصلی از قاعدهٔ «وجب» بهره می‌برد. در گذشته، سازبندها برای سبکی وزن ساز، داخل دسته را هم خالی می‌کردند ـ که در اصطلاح به این نوع سازها «دهراز» می‌گفتند.

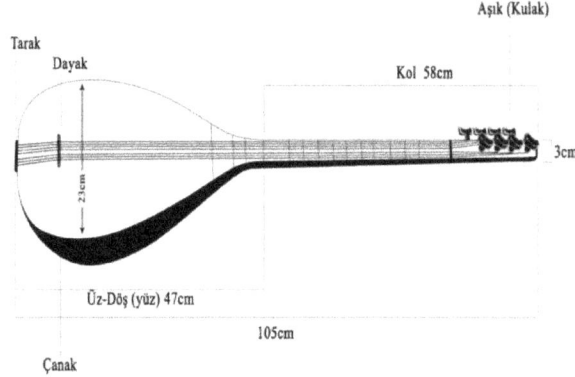

پس از آنکه کاسه و دسته شکل خود را یافتند و با یک رابط و یا بدون رابط به یکدیگر متصل شدند، صفحهٔ ساز نصب می‌شود. در گذشته، صفحه را سه‌تکه‌ای می‌ساختند؛ ولی در زمان حاضر، صفحه یک‌تکه ساخته می‌شود. پس از آنکه وترهای سیمی آن نصب، و بر سیم‌گیر و گوشی‌ها متصّل و محمل شد، آمادهٔ سازوَری می‌شود. سرانجام پس از آنکه در دست سازآوران عاشیق ساز شد، در خدمت جمع قرار می‌گیرد.

ساز عاشیقی در ایران در سه اندازه به نام‌های «آناساز» برای عاشیق‌های حرفه‌ای و استاد، «جوره‌ساز» برای جوانان و نوجوانان، و «تاوارساز» در اندازه‌ای متوسط برای خانم‌ها ساخته می‌شود.

ساز عاشیقی از دو قسمت کاسه (چاناق) و دسته (بازو) تشکیل می‌شود. بدنهٔ ساز عاشیقی از جنس توت و شاتوت ساخته می‌شود و برای دسته از چوب راش، بلوط، زردآلو و گاه عناب نیز استفاده می‌شود. برای ساخت گوشی‌ها و خرکِ ساز عاشیقی، از چوب گردو استفاده می‌کنند؛ اما گاه در ساخت کاسه نیز این چوب را به کار می‌برند. سازی که با چوب گردو ساخته می‌شود، صدایی وحشی‌تر و فریادکننده‌تر و همچنین عمر بالایی دارد.

پرده‌های ساز، که از انواع الیاف مصنوعی و حتی در ازمنهٔ قدیم از رودهٔ گوسفند بودند، بر روی دسته (بازو) قرار می‌گیرند و موقعیت دستهٔ ساز را قسمت به قسمت از صدای بم تا زیر گسترش می‌دهند. پرکارترین پردهٔ ساز عاشیقی را «شاه‌پرده» می‌گویند. مضراب ساز عاشیقی آلتی جدا از ساز است و ریشه در دل نوازنده‌اش دارد. این مضراب از مواد مختلفی چون چوب درختان ـ ترجیحاً درخت گیلاس ـ و یا از مواد پلاستیکی ساخته می‌شود. برای قرار دادن مضراب روی ساز نیز در کاسه یا زیرپرده‌ها جایی در نظر گرفته می‌شود.

بر روی ساز عاشیق‌های آذربایجان، بندی نیز قرار می‌گیرد. این بند چرمی، که متصل به بدنه و دستهٔ ساز است، این امکان را فراهم می‌کند تا در هنگام اجرای برنامه، ساز را به گردن آویزند یا حمایل کتف سازند. به هنگام نواختن، کاسهٔ ساز بر روی سینهٔ عاشیق قرار می‌گیرد.

بنا به ذوق هنرمند عاشیق، طراحی‌هایی نیز در کاسهٔ ساز دیده می‌شود. این طرح‌ها شامل نقوش گل و گیاه، حیوانات، عکس‌های مینیاتوری، نقاشی، و حتی خطی زیبا و منحصر به فرد است. چیدن صدف و اشیای گران‌بها نیز در برخی سازها دیده شده است. برخی از سازهای قدیمی همچون میراث بزرگی از هنر و فرهنگ قوم ترک در موزه‌ها و گنجینه‌های جهان نگهداری می‌شوند.

جنس سیم‌گیر و شیطانک نیز از شاخ گاو، گوزن یا استخوان شتر است؛ اما اکنون از نوعی مادهٔ مصنوعی وارداتی، که «روتومول» نام دارد، برای این قسمت‌ها و تزیینات دور کاسه و روی دسته استفاده می‌کنند. از مشکلات ساختِ ساز عاشیقی در ایران افزودن بی‌برنامه و بدون پژوهش پرده‌ها و سیم وترها روی این ساز؛ یعنی در واقع نداشتن استانداردی خاص برای ساخت این ساز است.

ساز در بین عاشیق‌های قم، ساوه و همدان «چگور» نامیده می‌شود. تفاوت چگور با ساز یا قوپوز در کوک سیم‌ها، تعداد، و فواصل پرده‌هاست. همچنین سازهای مذکور در شکل و اندازهٔ کاسه و صفحه نیز کمی متفاوت‌اند. معمولاً در حالت دست باز، سه سیم پایین چگور کوک «re»، و شش سیم بالا کوک «do» دارند. گونهٔ دیگر از کوک چگور هم به همین ترتیب است؛ جز اینکه سیم چهارم (سیم زارنجی) کوک «sol» می‌گیرد. کاربرد این سیم در مقایسه با کوک پیشین کمتر است. عاشیق‌های محیط قم، ساوه و همدان در اجرای برخی از مقام‌ها با انگشت شست بر سیم‌های واخوان (شش سیم بالا) پرده‌گیری می‌کنند. عاشیق‌های آذربایجان در استفاده از سیم‌های چهارم به بعد مهارت بیشتری دارند.

بالابان

در جلد یازدهم دایرةالمعارف بزرگ اسلامی، در مدخل «بالابان» آمده است:

> بالابان، ساز بادی چوبی دوزبانه به شکل استوانه و از خانوادهٔ نای و سُرنا. این ساز را به اختلاف قسمی سرنا و کرنا و شبیه شیپور بزرگ و شبیه نی‌لبک با شش سوراخ انگشتی و یک زبانهٔ ۱۱ سانتی‌متری [می‌سازند]. به طور کلی، ساختمان این ساز از چند بخش تشکیل یافته است: نخست، تنهٔ استوانه‌ای یا لوله‌ای‌شکل ساز که آن را از چوبی سخت، مانند چوب توت، گردو، شمشاد یا خیزران به طول سی تا چهل سانتی‌متر و قطر ۱/۵ سانتی‌متر می‌سازند؛ دوم، زبانهٔ ساز که دوتیغه یا دولبه و از نی است. از این رو، به نی و قَمیش (قامیش، لفظی ترکی

به معنای نی) شهرت دارد؛ سوم، پوکهٔ فلزی استوانه‌ای‌شکل کوچکی که یک سرش با خَرَک به زبانه، و سر دیگرش به تنهٔ ساز می‌پیوندد.

بنا بر اسناد و مدارک در دسترس، نوعی ساز بادی از خانوادهٔ نی و سرنا دست کم از سده‌های نخستین دورهٔ اسلامی در ایران شناخته شده بوده و در میان مردم بخش‌هایی از این سرزمین به کار گرفته می‌شد. زمخشری (د۵۳۸ق/۱۱۴۳م) «یراعه»، نوعی ساز بادی عربی، را «نی، نای، سرنای، ناینی، بلبان» معنا و معرفی می‌کند. حدود سیصد سال پس از او، عبدالقادر مراغی، موسیقی‌دان بزرگ ترک ایرانی (د۸۳۸ق/۱۳۳۵م)، در جامع‌الالحان در شرح «آلات دوات النفخ» از «نای بلبان» یا «نایچهٔ بلبان» در ردهٔ سازهای بادی نی‌ین نام می‌برد و در وصف آن می‌نویسد: «آن را با سرنا نسبتی باشد در حکم و اِدمان سرنا بدان کنند و آن را آوازی باشد لیّن و حزین».

عبدالمؤمن بن صفی‌الدین بلبان را از سازهای غیرناقص یاد کرده، و در معرفی حکمایی که سازهای طرب را ساخته‌اند، ابن طایی را سازندهٔ بلبان شناسانده است ـ که روایتی افسانه‌ای به نظر می‌رسد.

برخی از لغویان قدیم به این ساز اشاره کرده‌اند و آن را با عبارت «سازی که با لب‌ها نوازند» معرفی، و با کلماتی نظیر «خوش‌نوا» و «غم‌زدا» وصف کرده‌اند. مثلاً مؤلف مدارالافاضل (تألیف: ۱۰۰۱ق) بلبان را نام سازی دانسته است که آن را با لبان نوازند و در شرح خوش‌نوا بودن آن می‌نویسد:

آن را در باغ حافظ از دوست بَلَبانی شنیده و محظوظ شده است و می‌افزاید: «گویند شخصی بود که در کابل به باغی می‌نواخت، بلبل مست شد و در کنار او آمده، افتاد و جمعی را بر آن گواه گرفته، و الله اعلم.»

والهٔ اصفهانی در شرح چگونگی منع نواختن ساز و موسیقی در زمان شاه طهماسب صفوی و پراکنده شدن موسیقی‌دانان و نوازندگان، و مهاجرت آنان از عراق به حجاز از «استاد حسین شوشتری»، سرنایی نقاره‌خانهٔ خاصهٔ شریفه نام می‌برد، که در فن خود، یگانهٔ زمانه و در بلبان‌نوازی، در میان اقران و امثال افسانه بود. در دورهٔ قاجار هم، سازی

به نام «بالابان» بوده که در دسته‌های موسیقی واحدهای نظامی به کار می‌رفته است. متون دورۀ قاجار، به ویژه در متن‌های مربوط به تشکیلات نظامی، به روشنی به کوبه‌ای یا بادی بودن بالابان و چگونگی ساختمان، جنس، و شکل آن اشاره نمی‌کنند؛ اما از مضامین، عبارات، و نوشته‌ها نوعی ساز کوبه‌ای از ردۀ طبل و دهل مستفاد می‌شود. چریکف، که در دورۀ ناصرالدین شاه به ایران سفر کرده بود، در سیاحت‌نامه‌اش شیپور، بالابان، و موزیک را از لوازم سربازی آن دوره به شمار آورده است.

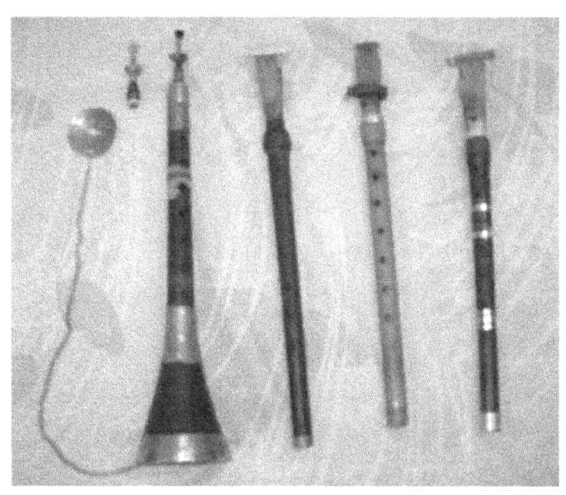

بالابانچی (بالابان‌زن و طبال) نیز اصطلاحی شناخته‌شده و رایج در دورۀ قاجار و نخستین دهه‌های پس از آن دوره، در تشکیلات نظامی ایران بوده است. در لغت‌نامه‌های انگلیسی ـ فارسی ولاستن، و فرانسوی ـ فارسی کازیمیرسکی، که در زمان ناصرالدین شاه چاپ شده بود، «بالابانچی» به معنای طبال آمده است. در لغت‌نامۀ ترکی ـ انگلیسی آکسفورد نیز واژۀ «بالابان» به معنای طبل بزرگ آمده است.

در فرهنگ‌ها و دائرةالمعارف‌های روسی، واژۀ بالابان به معنای ساز بادی زبانه‌دارِ معمول میان اقوام قفقاز شمالی و ایرانیان آمده است.

در نتیجه، به نظر می‌آید که هر دو واژهٔ بارابان و بالابان خاستگاه و ریشه‌ای غیرفارسی دارند و احتمالاً به یکی از زبان‌های کهن ترکی اقوام ترکستان، یا ترک‌زبانان مردم آسیای مرکزی وابسته‌اند. واژهٔ بربن نیز شاید صورت قدیم‌تر واژهٔ بارابان، و واژه‌های بلبن، بلبان، بالبان و بالابن نیز صورت‌های دیگر و احیاناً کهن‌تر واژهٔ بالابان هستند، که در زبان‌ها و گویش‌های گوناگون ترکی، روسی، اسلاوی، فارسی و... به کار رفته‌اند.

بالابان سازی بادی و بومی است که در حوزه‌های جغرافیایی ـ فرهنگی آذربایجان شرقی، به ویژه تبریز و برخی جاهای دیگر به کار می‌رود و گروهی از نوازندگان این مناطق بالابان می‌نوازند.

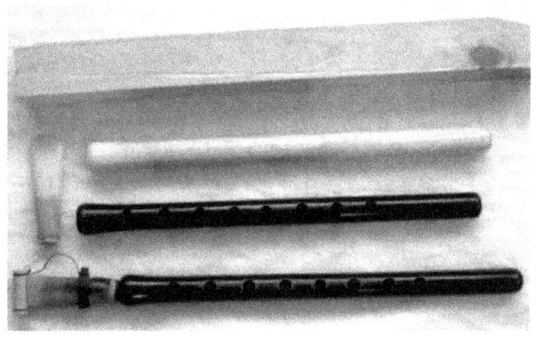

بالابان از سازهای مخصوص عاشیق‌های آذربایجانی نیز هست و نقش مهمی در کار عاشیق‌ها دارد. همچنین کمک‌صدای آن‌هاست و به صدای آنان زیبایی می‌بخشد. گاهی سازها را با بالابان کوک می‌کنند. نقش بالابانچی در دستهٔ عاشیق‌ها همچون نقش بال برای پرنده است.

در حوزه‌های جغرافیایی بیرون از سرزمین ایران، مانند اقوام قفقاز شمالی، جمهوری آذربایجان، ترکمنستان، ترکستان شرقی و بخش‌های مسلمان‌نشین ترک شمال غربی سرزمین چین، ساز بادی بالابان به کار می‌رود. در شهر باکو، یک دستهٔ بزرگ موسیقی هست که همهٔ نوازندگان آن ساز بادی بالابان می‌نوازند.

این ساز از یک لولهٔ استوانه‌ای چوبی، که معمولاً از چوب درخت زردآلو ساخته می‌شود، و یک قسمت سر، مرکب از قمیشی(نی) دوزبانه‌ای، تشکیل شده است. در روی لوله، هفت سوراخ در جلو و یک سوراخ در عقب تعبیه شده است. میدان صدای ساز، به اضافهٔ تعداد کمی از فواصل کروماتیک مخصوص موسیقی محلی، حدود دو اکتاو است. طول ساز بدون زبانه ۳۲، و در مجموع چهل سانتی‌متر است. بالابان کلمه‌ای آذربایجانی است و در فارسی به آن «نرمه نای» گفته‌اند.

بالابان با اندک‌تفاوتی در موسیقی ارمنستان هم رایج است. عده‌ای آن را غمگین‌ترین ساز جهان می‌نامند.

بالابان دارای نی مخصوص کوچکی است که قمیش نامیده می‌شود و طول آن معمولاً ۹ تا ۱۴ سانتی‌متر است. قمیش با بست چوبی انعطاف‌پذیری، که در طول نی متحرک است و بر روی آن می‌لغزد، احاطه شده است. این بست برای کوک کردن بالابان به کار می‌رود؛ زیرا همین بست باز و بسته کردن دهانهٔ نی را کنترل می‌کند.

اولین و مهم‌ترین مسئله به هنگام نواختن بالابان شیوهٔ به دهان گذاشتن قمیش آن است. اگرچه طول آن بین ۹ تا ۱۴ سانتی‌متر است؛ اما نوازنده فقط یک تا دو سانتی‌متر از آن را به دهان می‌گذارد. لب‌ها بایستی آزادانه بر روی دندان‌ها قرار بگیرند و سپس در روی قمیش پیاده شوند. دندان‌ها نباید هیچ‌گونه تماسی با نی کوچک یا قمیش داشته باشند.

قمیش بایستی کمی نمناک باشد. اگر دهانهٔ قمیش بسته است، بایستی کمی خیس شود. اما اگر دهانهٔ آن بیش از اندازه باز شود، نواختن آن تقریباً غیرممکن خواهد بود. بنابراین، تنظیم باز بودن دهانهٔ قمیش بایستی به دقت انجام شود. قمیش در بخش فوقانی نیِ بزرگ

جا می‌گیرد و در آنجا محکم می‌شود. معمولاً دهانهٔ نی بزرگ کمی بزرگ‌تر از انتهای نی کوچک است و برای محکم نگاه داشتن آن بایستی نخ‌های مومی مخصوصی به انتهای نی کوچک پیچیده شود تا نی کوچک ثابت و محکم در جای خود قرار گیرد و هیچ‌گونه درز و روزنه‌ای میان دو نی وجود نداشته باشد.

صدای بالابان گرم و ظریف است و کمی طنین دماغی دارد. میدان صدای ساز ـ به اضافهٔ تعداد کمی از فواصل کروماتیک مخصوص موسیقی بومی ـ حدود دو اکتاو است. مکانیزم تولید صدای بالابان با میزان فشار لب‌ها بر روی نی، و پوشش حفره‌ها با انگشتان کنترل می‌شود. فشار کامل انگشتان بر روی حفره‌ها نت کاملی ایجاد می‌کند. بالابان معمولاً به همراه ساز عاشیق و «قاوال» نواخته می‌شود.

قاوال

این ساز در واقع همان دایرهٔ آذربایجانی است، که هم در موسیقی کلاسیک آذربایجان و هم در موسیقی عاشیقی کاربرد دارد. در موسیقی کلاسیک آذربایجان، قاوال را خواننده می‌نوازد و در گروه‌های سنتی این منطقه، نوازندگانی با تار و کامان (کمانچه آذری)

خواننده (با قاوال) را همراهی می‌کنند. این مجموعه را «اوچ‌لوک» یعنی «سه‌گانه» می‌نامند.

در مکتب عاشیقی «تبریز ـ قره‌داغ» در ایران، و «گنجه ـ شمکیر» در جمهوری آذربایجان، و در برخی دیگر از خاستگاه‌های عاشیقی، عاشیق را یک قاوالچی (نوازندهٔ قاوال) و بالابانچی (بالابان‌نواز) همراهی می‌کنند. کمهٔ[1] قاوال از چوب است و پوست آن معمولاً از بز یا ماهی ـ گرچه امروزه روی آن طلق‌های مصنوعی نیز کشیده می‌شود.

آهنگ‌های عاشیقی

موسیقی بخش محوری هنر عاشیقی است. بر اساس گفتهٔ عاشیق‌های استاد، موسیقی عاشیقی ۷۲ یا ۷۳ آهنگ دارد. «عاشیق اسد» آن را ۷۳ آهنگ می‌داند:

کامیل اوستاد لارین گولون درمه‌سن
حقیقتی سینه‌ن اوسته سرمه‌سن
یئتمیش اوچ هاوادان خبر وئرمه‌سن
اؤلوم یئی‌دیر سنه ائل قاباغیندا...

(اگر از گلشن علم استادان گلی نچینی،
اگر حقیقت را به قلب خود راه ندهی،
اگر از هفتاد و سه آهنگ آگاه نباشی،
در مقابل مردم، مرگت بهتر است.)

و عاشیق علعسگر به ۷۲ هاوا معتقد است:

---

۱. حلقهٔ چوبی دایره را گویند.

دوققوزو بیرلشیب تاپیب بیرجه یول
اون بارماق اونلاری ائیله‌ییر قبول
یئتمیش ایکی هاوا شاه‌پرده‌یه قول
«علعسگر» یولدوغو غازدی قاباقدا

(نُه سیم جمع شده و سه راه پیدا کرده است.
ده انگشت آن‌ها را می‌نوازد.
هفتاد و دو آهنگ بندهٔ «شاه‌پرده» هستند.
آنکه می‌بینی، غازی است که «علعسگر» پرهایش را کنده است[1].)

اما این تعداد با گذشت زمان از طرف عاشیق‌های دیگر زیاد شده و امروزه به ۱۳۰ تا ۱۴۰ آهنگ رسیده است. بعضی از این آهنگ‌ها در منطقه‌ای خاص مشهور بوده و در آنجا بیشتر اجرا می‌شوند. برخی از آهنگ‌ها نیز در مناطق مختلف به اسامی مختلفی نامیده می‌شوند. از باب مثال، آهنگ «مخمس» عاشیق‌های تبریز در ارومیه، خوی، و سلماس با نام «دستان» مشهور است. آهنگ «دوبیت» در مناطق مختلف با اسامی «باش دوبیت»، «کهنه دوبیت»، و «بورچالی دوبیتی» نامیده می‌شود. آهنگ «واقف گؤزللمه‌سی» با نام‌های «واقفی» و «پناه گؤزللمه‌سی»، و آهنگ «آیاق دیوانی» به اسامی «عثمانی دیوانی‌سی»، «بحری دیوانی‌سی»، و «میدان دیوانی‌سی» خوانده می‌شود.

آهنگ‌های عاشیقی بر اساس عوامل زیر نام‌گذاری شده‌اند:
۱. اسامی انواع شعر عاشیقی؛ مانند تجنیس، گوللو قافیه، مخمس، دیوانی، گرایلی
۲. اسامی قهرمانان اساطیری و تاریخی؛ مانند کوراوغلو جهله‌مه‌سی، یانیق کرم، منصوری
۳. اسامی مناطق جغرافیایی؛ مانند خوی امراهی‌سی، ایروان چوخورو، گؤیچه گولو
۴. اسامی ایل‌ها و قبایل ترک؛ مانند افشاری، گرایلی، بایاتی، شاهسونی، بوزاوخ، قاراچی

---

۱. اشاره به حریف شکست‌خورده است.

۵. اسامی عناصر زیبای طبیعی (گل‌ها و پرندگان)؛ مانند توراجی، میخکی، سوسن‌بری
۶. مفاهیم لیریک و تغزلی؛ مانند کسمه هجرانی، روحانی، دول هجران
۷. مضامین قهرمانی؛ مانند جنگی کوراوغلو، سوروتمه، مصری.

گرچه نظام‌مندی موسیقی ترک‌های ایران بر پایهٔ «ماقام» (موقام یا مقام)، که بیشتر از هفت دستگاه و پنج آواز که دارای گوشه‌های خاص هستند، تشکیل شده؛ اما موسیقی عاشیق‌ها بر اساس «هاوا» و «لاد»، که تاریخی کهن‌تر از مقام دارد، بنیان نهاده شده است.

از منظر مقام، آهنگ‌های عاشیقی به دو شکل زیر طبقه‌بندی می‌شوند:
الف) مقام تک‌صدایی[1]، وکال[2] یا آواز عاشیق
ب) مقام هارمونیک موسیقی

تفاوت بین این دو این است که مقام تک‌صدایی در عین حال که وظیفهٔ ایفای صدای ثابت را به شکلی مستقل دارد، در موسیقی نیز این وظیفه را با مجموع صداهای هماهنگ یا آکورد عهده‌دار است. مقام هارمونیک از آلت موسیقایی عاشیقی، یعنی «ساز»، جدایی‌ناپذیر است. کاسهٔ ساز به شکل گلابی است و بر روی دسته‌اش ۱۴ یا ۱۵ پرده بسته می‌شود. ۸ یا ۹ سیمی که بر ساز بسته شده‌اند، هر کدام عهده‌دار وظیفهٔ خاصی هستند. این سیم‌ها، بر اساس کوک‌های معین، خود به سه گروه زیر تقسیم می‌شوند:
۱. زیل‌ها (سیم‌های ملودیک)؛
۲. بم‌ها (سیم‌هایی که کوک‌هایشان تغییر می‌یابد)؛
۳. دَم‌ها (سیم‌هایی که دم می‌گیرند و کوک‌هایشان تغییر نمی‌کنند).

---

1. monodic
2. vocal

اصولاً برای ساز عاشیقی پنج نوع کوک به شرح زیر متصور است:

«کوک نوع اول»

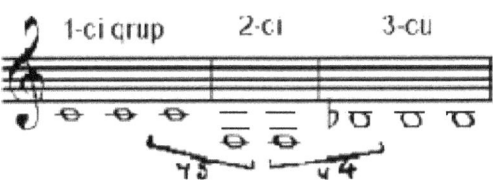

این کوک از طرف عاشیق‌ها کوک «قاراچی»، «شاه‌پرده» و «عمومی» نامیده می‌شود.

«کوک نوع دوم»

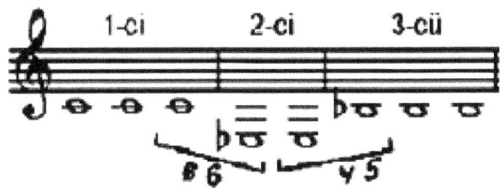

این کوک «عرفانی» و یا کوک «پردۀ میانی» خوانده می‌شود.

«کوک نوع سوم»

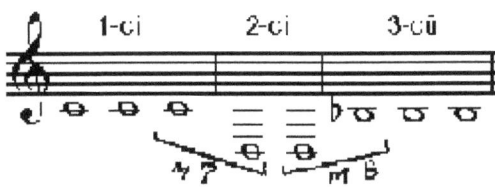

این کوک «دیلغم» یا «پردۀ اول» (باش‌پرده) نامیده می‌شود.

«کوک نوع چهارم»

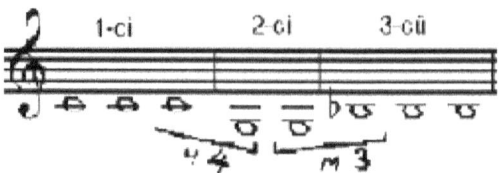

این کوک «آیاق دیوانی» یا کوک «دیوانی» نام‌گذاری شده است.

«کوک نوع پنجم»

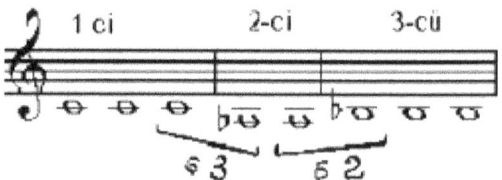

کوک پنجم هم «بایاتی» نامیده می‌شود.

برای توضیح بیشتر دربارهٔ کوک‌های ساز برای هر یک نمونه‌ای می‌آوریم:
کوک اول در آهنگ «گوللو قافیه»

کوک دوم در آهنگ «عرفانی»

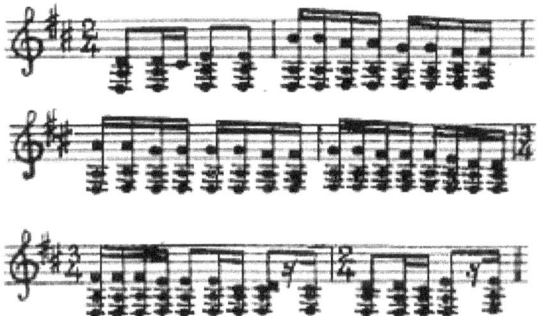

کوک سوم در آهنگ «باش مخمس»

کوک چهارم در آهنگ «آیاق دیوانی»

و کوک پنجم در آهنگ «چوبان بایاتی‌سی»

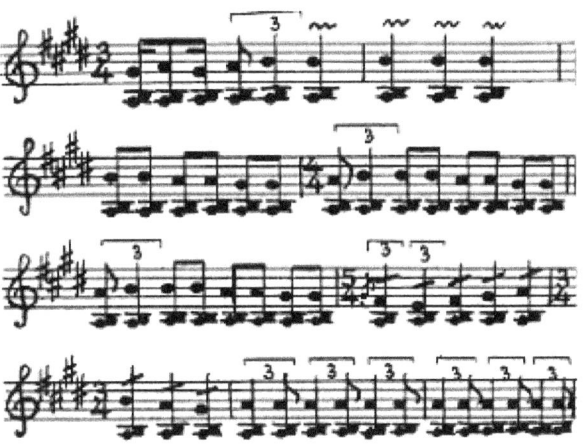

نمونه‌های بالا نشان می‌دهد که ایجاد صداهای گروهی با حرکت صدا هماهنگ است. در موسیقی عاشیقی، دَم‌های تک‌صدایی زیاد است. از باب مثال، به آهنگ «حیدری» می‌توان اشاره کرد:

«دمکشی» به صورت هم‌زمان در صدا و آهنگ نیز کم نیست؛ مانند آهنگ «آت اوستوکرمی».

در خیلی از مواقع، از دم‌های دوگانه، که از استفادهٔ هم‌زمان «بم‌ها» و «دم‌ها» شکل می‌گیرد، استفاده می‌شود؛ مانند آهنگ «قایتارما».

بعضی از عاشیق‌ها با اعمال تغییراتی در ماهیت دَم، از آن به شیوه‌ای بدیع استفاده می‌کنند. در آهنگ «قوبا کَرمی» این مسئله مشاهده می‌شود.

از اصول عمومی در نوازندگی موسیقی عاشیقی شبیه‌سازی است که شیوهٔ «سؤال و جواب» را به ذهن متبادر می‌کند؛ ولی در این مواقع، «جواب» تحت تأثیر «سؤال»، که قبلاً اجرا شده است، قرار می‌گیرد. در این باره آهنگ «مینا گرایلی» را مثال می‌آوریم.

در نمونهٔ بالا «جواب» به شکل برگردان «سؤال» اجرا شده است. در بعضی از هاواها، از این برگردان‌ها دقیق استفاده می‌شود؛ مانند آهنگ «کوردو گرایلی».

شبیه‌سازی بیش از همه در هم‌صدایی ساز و آواز نمود پیدا می‌کند. از باب مثال، به آهنگ «بهمنی» می‌توان اشاره کرد.

مقام هارمونیک آهنگ‌های عاشیقی، که در بالا به آن‌ها اشاره شد، از مفهوم مقام تک‌صدایی جدانشدنی هستند. هر دوی این مقام‌ها ـ هارمونیک و تک‌صدایی ـ به هم

وابسته‌اند و هم‌دیگر را کامل می‌کنند. مقام تک‌صدایی به نوبهٔ خود با سیم‌های ملودیک ساز و پرده‌های بسته‌شده بر روی آن‌ها ارتباط تنگاتنگی دارد. اگر به اسامی پرده‌هایی که بر روی ساز بسته شده‌اند و عاشیق‌ها نام‌گذاری کرده‌اند، دقت کنیم، وجوه دیگری از مقام تک‌صدایی نمایان خواهد شد.

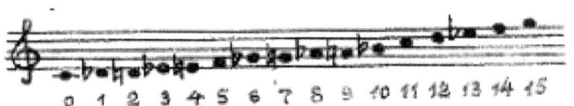

۰. سیم آزادساز، بوش‌پرده (پرده‌آزاد)
۱. پردهٔ علاوه، پردهٔ خارج
۲. باش‌پرده (پردهٔ اول، که با نام‌های «باش دیوانی»، «دیلغم» و «کرم» نیز خوانده می‌شود.)
۳. اورتاپرده (پردهٔ وسط، که پردهٔ «عرفانی» و «تجنیس» نیز نامیده می‌شود.)
۴. پردهٔ علاوه
۵. شاه‌پرده
۶. پرده علاوه
۷. آیاق‌پرده (پردهٔ زیرین، پردهٔ پایین)
۸. پرده‌چوبان بایاتی‌سی (پردهٔ بیات چوپان)
۹. پرده علاوه
۱۰. کؤک‌پرده، پردهٔ اساس (زیلِ دَم‌ها)
۱۱. بئچه‌پرده، پردهٔ نورس (زیلِ زیل‌ها)
۱۲. باش‌پرده‌نین زیلی، زیل پردهٔ اول
۱۳. اورتاپرده‌نین زیلی، زیل پردهٔ میانه
۱۴. شاه پرده‌نین زیلی، زیل شاه‌پرده
۱۵. آیاق پرده‌نین زیلی، زیل پردهٔ زیرین (پردهٔ پایانی)

همان گونه که دیده می‌شود، علاوه بر پرده‌های اصلی (۲، ۳، ۵، ۷، ۸، ۹، ۱۰، ۱۱ و پرده‌های زیل چهار پرده اول)، در تشکیل هم‌ردیفی صداها، پرده‌های دیگری چون: «یاریم‌پرده» (نیم‌پرده)، «کورپرده»، «گول‌پرده»، «رنده‌له‌ین پرده‌لر»، «پرده‌های تراشنده» و «لال‌پرده» نیز شرکت دارند.

آهنگ‌ها یا هاواهای عاشیقی به طور عمومی به سه دسته تقسیم می‌شوند:

الف) آهنگ‌های بالا یا بلند (یوخاری هاوالار)

ب) آهنگ‌های میانه (اورتا هاوالار)

ج) آهنگ‌های پایین یا کوتاه (آشاغی هاوالار)

آهنگ‌های بالا یا بلند (یوخاری هاوالار)

این آهنگ‌ها از پردهٔ چهارم به بالا نواخته می‌شوند. هاواها طالب صدای بم هستند و باید ساز به صورت بم کوک شود، تا نوازنده خسته نشود. از این نوع آهنگ‌ها می‌توان به کسمهٔ دیوانی، شاه‌ختایی دیوانی، تره‌کمه گوزللمه‌سی، قهرمانی، تاجری، همدان گرایلی‌سی، شاهسون، زه‌وزه گرایلی‌سی، قارص هاواسی، اردوباد گوزللمه‌سی، روحانی، اکبری، کسمه کرم، غربتی، یانیق کرم، دستان، حبیبی، تجنیس، جیغالی تجنیس، دیک دابانی، تورکیه گرایلی‌سی، نارنجی، کرم گوزللمه‌سی، وطن امراهی‌سی، اورمیه امراهی‌سی، شاغی، نمدی، دیلغمی، حیدری، و قوجاقارتال اشاره کرد.

آهنگ‌های میانه (اورتا هاوالار)

این آهنگ‌ها مابین شاه‌پردهٔ بالا (پردهٔ چهارم) و شاه‌پردهٔ میانی (پردهٔ نهم) نواخته می‌شوند. آهنگ‌های میانه عبارت اند از: مانی، محترمی (کوراوغلو جنگی‌سی)، صوراسرافیل، قره عینی، قیزلار گوزللمه‌سی، آراز باسدی (شرور گوزللمه‌سی)، مصری (شفق)، گوزللمه، حلبی، عسگری، دوراخانی، آغاخانی، ساللاما دوبیت، دوبیت، جمشیدی، دول هجرانی، پاشام کوچدی، بنایی هجران، شکریازی، زیل امراهی، قره‌باغ شکسته‌سی، سلمان پناهی‌سی، کلبعلی‌خان، آذربایجان هاواسی، گؤیچه گوزللمه‌سی، ماهور، ساری کؤینک، اوچو بیر، موغانا جیران، هشتری، اورتا شور ماهنی‌سی، تورکو کوراوغلو.

آهنگ‌های پایین یا کوتاه (آشاغی هاوالار)

این آهنگ‌ها در پرده‌های پایین‌تر از شاه‌پردهٔ میانی نواخته می‌شوند و به علت زیل بودن موجب خستگی نوازنده می‌شوند. سماعی، بهمنی، ائرمنی کشیش اوغلو، نصرالله قره‌باغی‌سی، خاچا خالدار، کسمه هجرانی، ائل کؤچدی، شیروانی، سولدوزی (ساللاما بهمنی)، پناهی (سگگیز یارپاق)، شرقی، اوغلان ـ اوغلان، و کوراوغلو جهلمه‌سی نیز از آهنگ‌های پایین هستند.

نت‌نگاری آهنگ‌های عاشیقی
آهنگ آیاق دیوانی

AYAQ DİVANI

35
gün - lə - ri
[oy !
40
be - lə], Ha-va - lan -dı
[ey], də - li kön - lüm,
[a ba - la].
ru - hum par -vaz
ey - lə - di,
45
o vax - tı ki, [ey],
sə - sin gəl - di,
qo - şa bay - ram
gün - lə - ri...
50

55
[ey].
[A be - lə],
o vax - tı ki [ey],
60
sə - sin gəl - di [ki,
ey],
65
qo - şa bay - ram
gün - lə - ri.
II
70

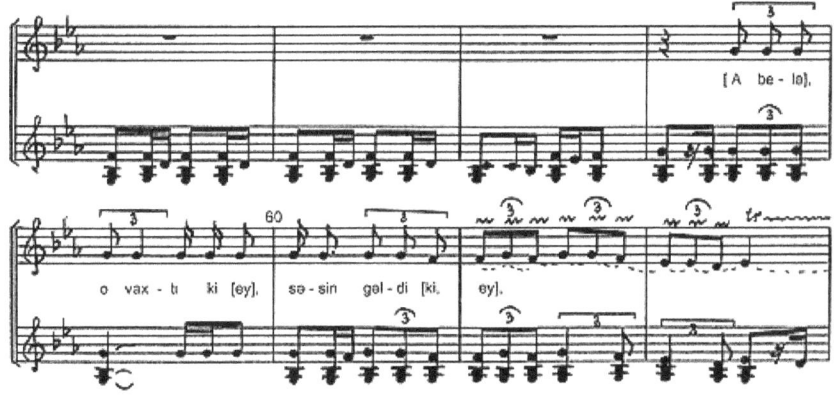

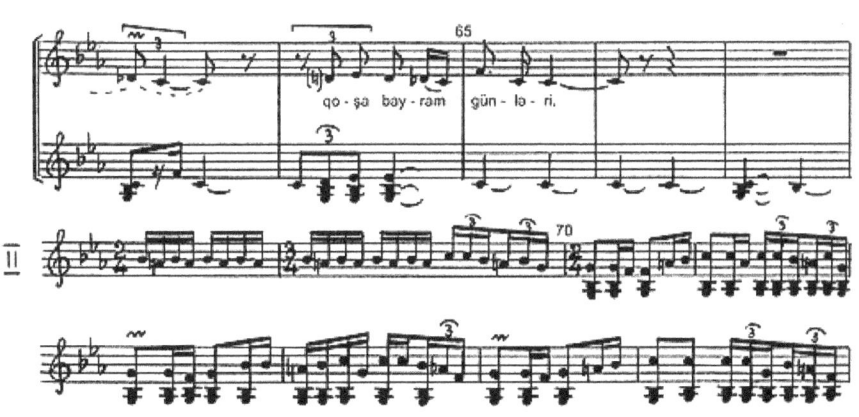

80
85
[Ay ba - lay],
90
Ey dil - bə - rim, qə - dəm ba - sıb, röv - şən e - dib
95
yol - la - rı,
Al ge - yi - nib, sı - ğal ve - rib, çin - çin düz - dün tel - lə - ri,
100
105

sü - sən, sün - bül
[ey],
Tər bə - növ - şə,
tər qən - çə, tər
gül - lə - ri,
bi - zə töh - fə - lər gə - tir - din,
ya - şa bay - ram
gün - lə - ri
[ey]
[A be - lə].

bi - zə töh - fə - lər gə - tir - din [ey].
ya - şa bay - ram gün - lə - ri.
[Ay, gəl oy].
A - şıq gə - lib mə - şu - qi - nə, doğ - ru il - qar ver - mə - yə,

bu bay - ram - da, ə - ziz gün - də zövq - lü sə - fa sür - mə - yə
160
165
[Ay], zər mə - ta - hın [ey].
min dil i - lə [Ba- lam] dost qəd - ri - nə sər - mə - yə,
170
Və - li, tə - bim [ey], tüğ - lan e - dib, co - şa bay - ram gün - lə - ri
175
180
[oy].

[Ay, be - lə]. Və - li, tə - bim [ey].
tüğ - yan e - dib [ey]
185
co - şa bay - ram
190
gün - lə - ri

آهنگ داستانی

DASTANI

40
tr tr
-nım göz - lə - ri, Gö - tü - rüb vəs - mə - ni
45
tr tr
qa - şa ça - lıb - dı, qa - şa ça - lıb - dı.
50
55
tr
Cal - la - nıb - sal - la - nıb [ho], ö - zün ö - yüb -
60
-dü, Tər gö - tü - rüb nə ta - ma - şa
65
sa - lıb - dır [qoy, a - nam qur - ban, gəl qa -

70
-dan a- lım, gəl qa- dan a- lım].
II
75
80
85
90
95
100
105

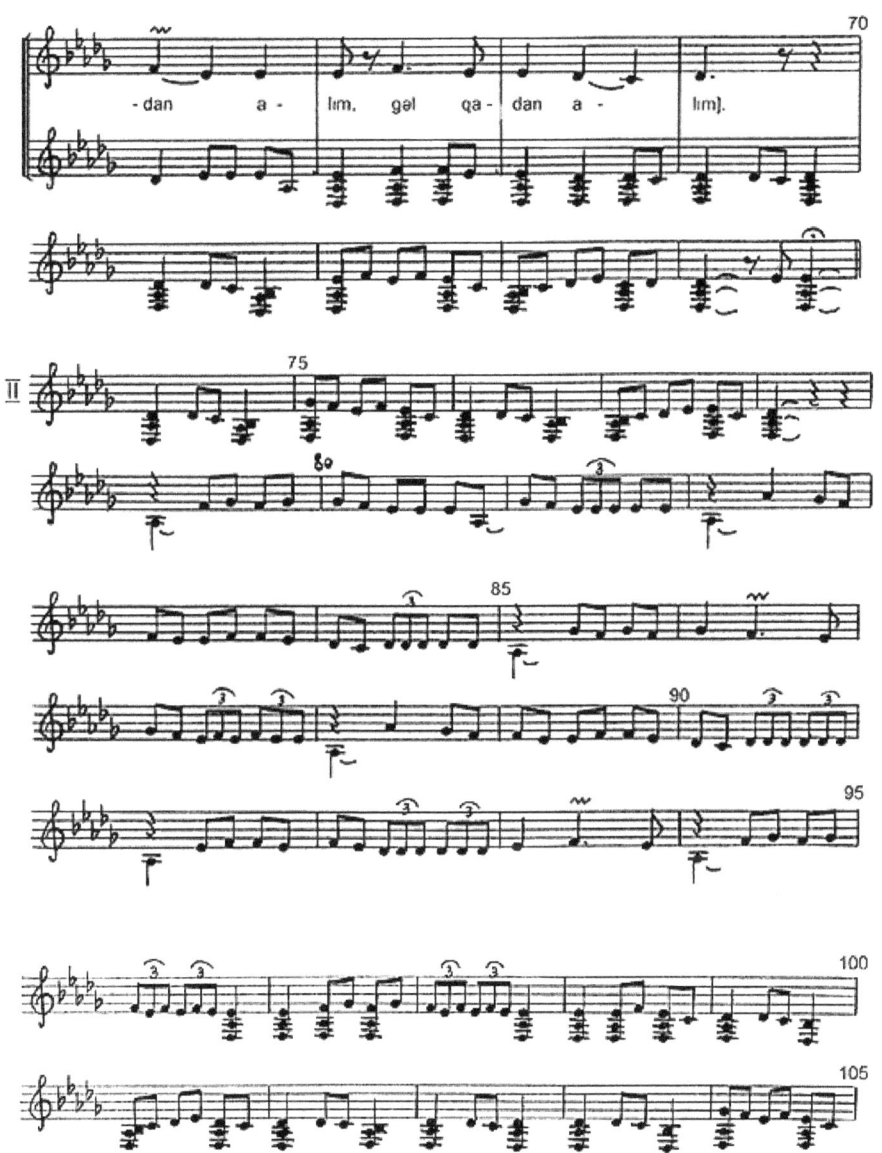

110
Da - ğı - lıb ka - ma - lım, qal - ma - yıb hu -
115
- şum, Qov - ğa - dan a - çıl - mır bə - la -
- lı ba - şım, bə - la - lı ba - şım,
120
Çox - dan
125
məhs sa - a - ta dü - şüb - dü i - şim.

Fə - lək dü - yü - nü - mü da - şa
ça - lıb - dı [Qoy, a - nam qur - ban, gəl qa -
- dan a - lım, qoy, qa - dan a - lım].
Fə - lək dü - yü - nü - mü da - şa
ça - lıb - dı.

165
170
175
180
185
190
[kor], Kə - rəm de- yər: "Na - mus mə -
- nə ar ol - maz.
195
Ya - man gün - də qo - hum - qar - daş

200
Var ol - maz [qoy, qa - dan a - lım],
205
Mən bi - li - rəm, Əs - lim mə -
210
- nə yar ol - maz, Ağ - lım mə - ni
215
bit - məz i - şə sa - lıb - dır [gəl, a - nam qur -
220
- ban gəl, qa - dan a - lım, gəl, qa - dan a - lım].
225

آهنگ گؤیچه گولو

GÖYÇƏGÜLÜ

موسیقی عاشیق‌های آذربایجان

25
- ram hər am, Mə-ni ya-da sa - lıb dağ-lar
30
tr
ağ - la - maz [lay - lay, lay - lay, lay -
35
- lay, lay - lay, ba- lam].
40
Mə - ni ya - da sa -lıb dağ-lar
ağ - la - maz [ay]
45

45
50
55
60
E - ti - ba - rın var - mı çər - xi -
- ruz - ga - ra,
Ə - gər şüb-hən var - sa bir ax -
65
- tar, a - ra [a tər - lan, cey - ran ay qa -

70
- dan a - lım],
75
80
Qı - zıl gül öm - rü - nü ye-di- rir xa- ra,
Bül - bül ağ - la - sa - da, bağ-lar ağ - la -
85
- maz. [ba - la lay, lay - lay, ay qa - dan a -

90
- lım].
95
Bül - bül ağ - la - sa - da, bağ - lar ağ - la - maz.
100
[ay,
ba - lay].
105

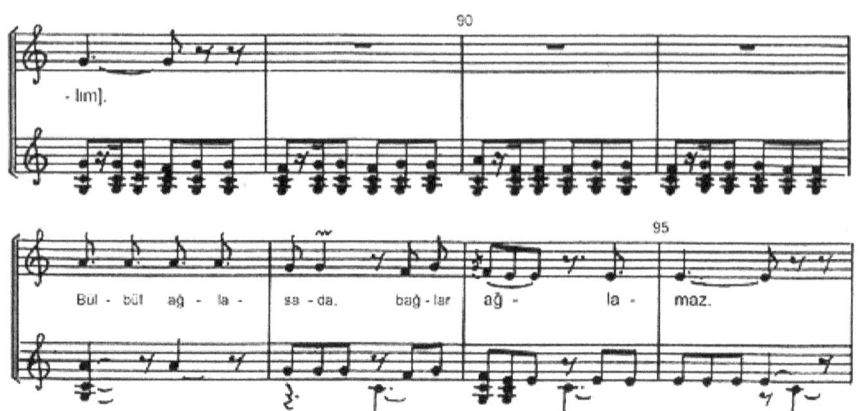

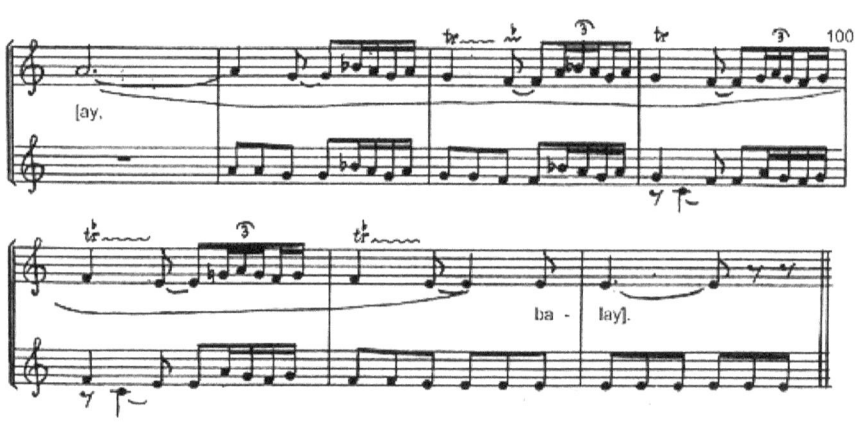

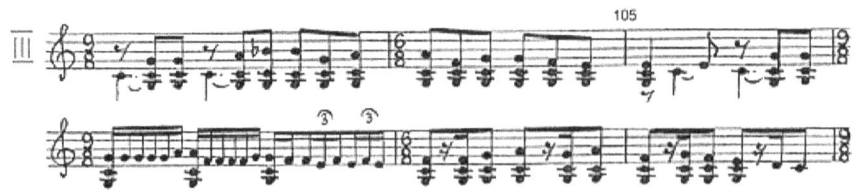

110
115
Şəm - şir, yax - şı
dü - şün [a - man, a - man, a - man], da - ha ol a -
120
-gah.
İn - san bi - bə - fa - dı o - lur bir kü -
-tah [ay qa - dan a - lım],
125
Yüz tə - rif de -
130
-di - yim sə - fa sey - rən - gah,
Ya - da sal - maz,

135
buz bu - lağ - lar ağ - la - maz [ay,
140
ay qa - dan
145
a - lım].

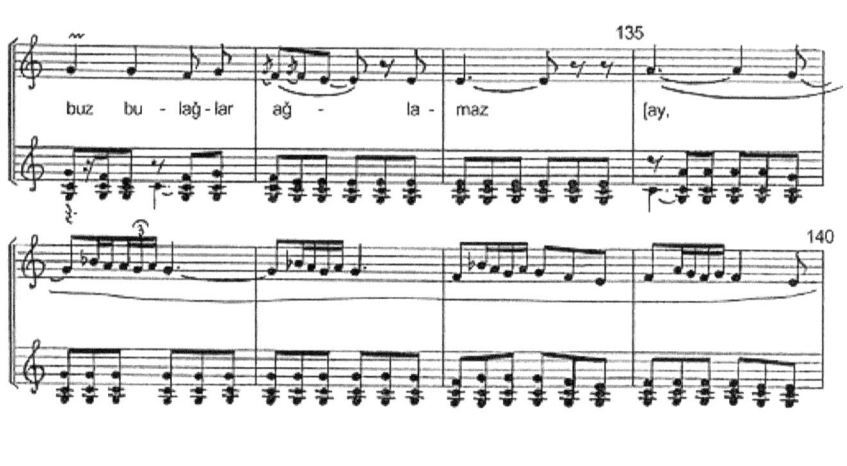

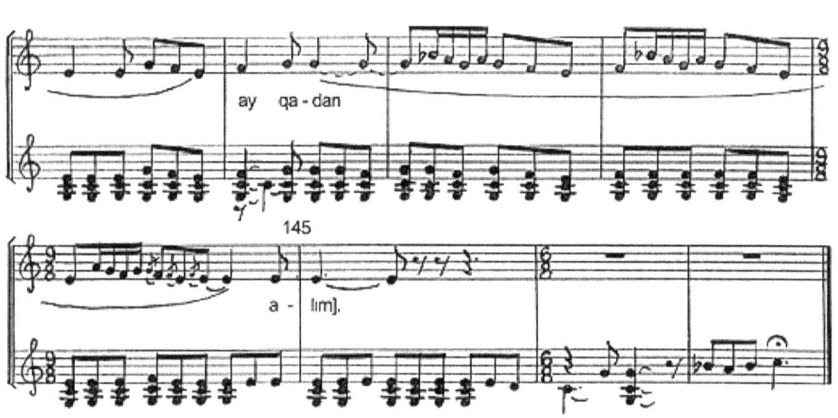

آهنگ منصوری

MANSIRI

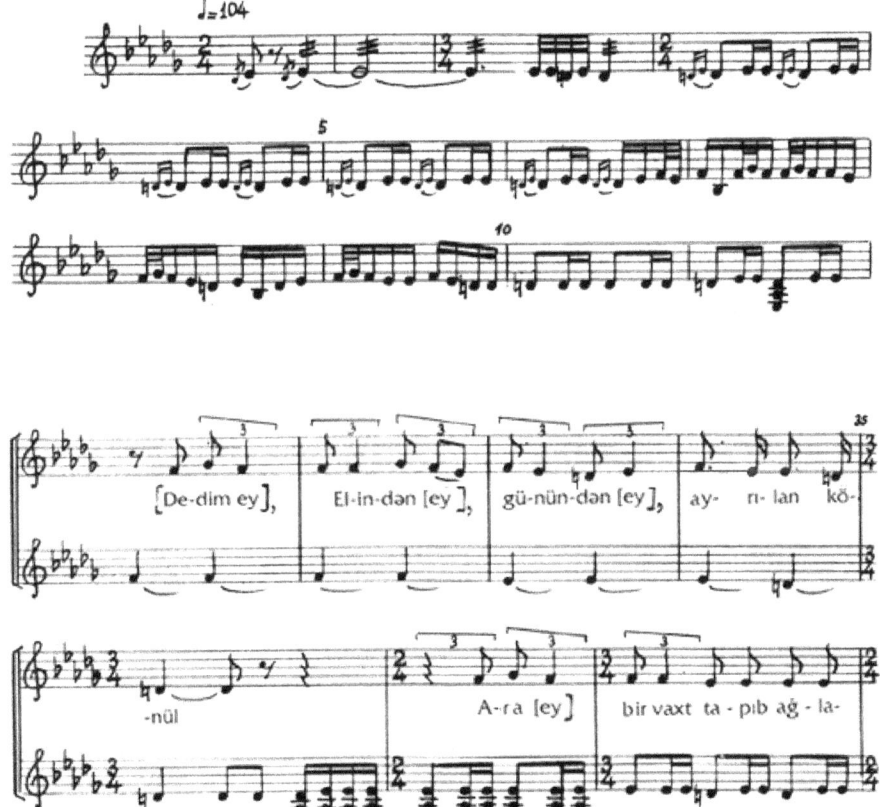

15
20
[Oy, ey
25
ba-la
ay,
ba-la ay.
ba-la ay].
30
-sın gə-rək [ay ,
ağ-
rın a- lım
40
ay,
ağ-
rın a-
-lım].
45

Ə- zi- zi [ey], əz - bə - ri [ey, ney - lim], qı- rıl-
- mış ki-mi,
50
Çə - kib al si -nə-sin dağ-la-
- sın gə -rək [ay, ağ- rın a-lım, ay, ağ- rın a- lım].
55
[Ay], Ə-zi- zi, əz- bə- ri
60
qı - rıl -mış ki-mi [ey, ba-la, ey ba-la,
gəl ay, ye-rin - dən cü- da dü- şən ca-nım],
65

Çə-kib [ey], si- nə - si - ni [ey], dağ-la-
- sın gə - rək, dağ - la - sın gə - rək.

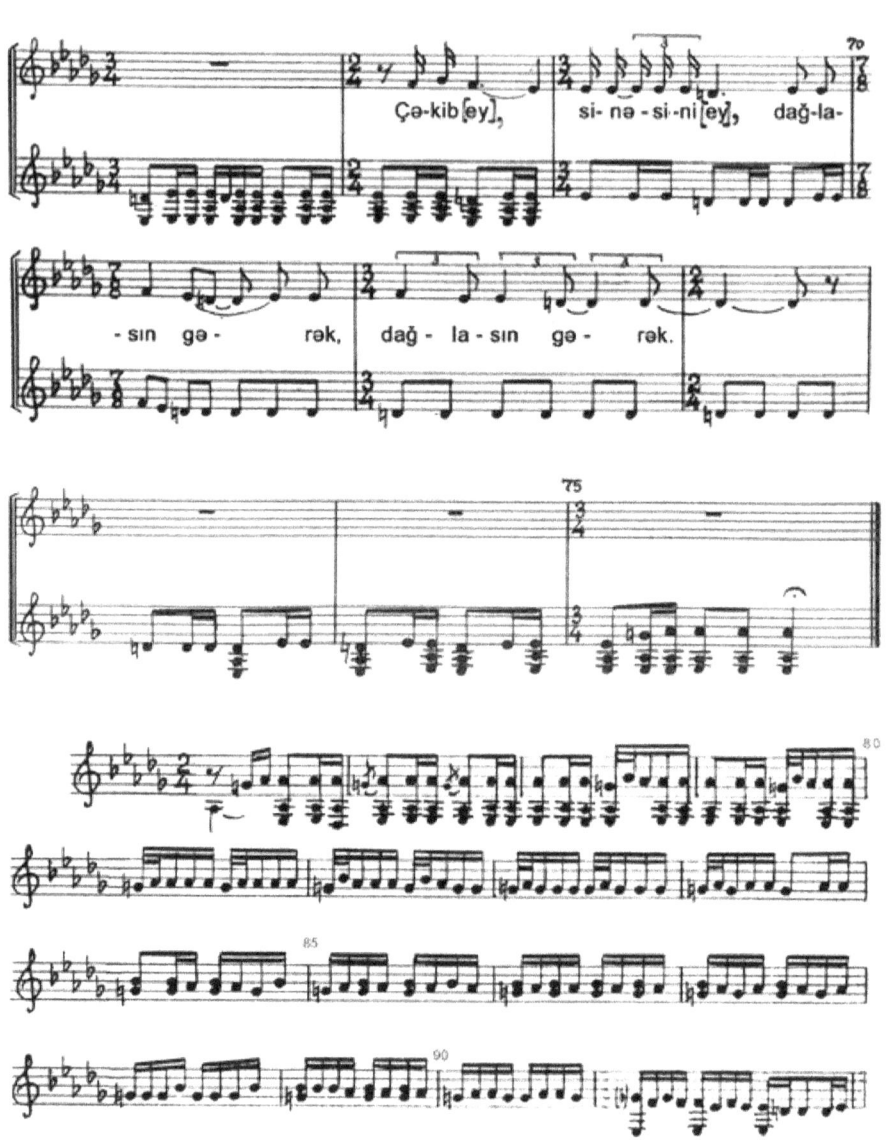

95
100
[De- dim ey,] De - mi - rəm [ey], ağ - la - yıb, [ey, ney-lim ay, ba - la]
105
döy - sün ö- zü -nü
Tu - fa -na [ey,]
110
qərq e - dib [ey], did - sin u -zu - nu [ö - yüm yı - xan,
115
ö - yüm yı - xan],

120
Nə qə - dər [ey] ol - sa da [ey] ,
və - tən sö - zü - nü, Ça - kib [ey], ü - rə - yin - də
125
sax - la - sın gə - rək [ay, ağ - rın a - lım, ay, ağ -
130
- rın a- lım, ay, ağ - rın a - lım] .
135
Nə qə - dər ol - sa - da

140
[ey, ba - la ay, ba -la gəl ay, yad - la - ra ya - nan ca -
- nım.
Çə- kib [ey] ü - rə -
145
- yi ba - la yan - sın gə -rək, [ay, ağ - rın a - lım, ay, əğ -
- rın a - lım.
150
155
160
Rubato

A tempo
165
170
175
180
[De-dim ey], Xəs - tə [ey] bi - ma-ram [ey, ağ - rın a- lım, ey]

185
bir qı - rıq ka - man, Gör - mə-dim [ey] dost -la - rı [ey] ,
190
ü - rək - dən ya - nan,
El - lər [ey] Vur-ğun de-yib, ax - ta-ran za-
195
- man, Ah çə- kib [ey] , qa - ra - lar bağ -la-sın gə-rək
200
[Ay, ağ- rı -nız a-lım, ay, ağ - rı -nız a-lım,
205
ay, ağ - rı -nız a -lım].

ey, ba-la gəl, ay, ye-rin - dən cü-da dü - şən ca-nım].
Ah çə -kib [ey] ,
[Ay], El - lər [ey]
Vur-ğun de - yib, ax - ta - ran za-man [ey, ba - la ,
qə-ra lar bağ la sın gə rək [ay, ağ - rın a- lım, ay ağ-
-rın a - lım].

آهنگ قایتارما

QAYTARMA

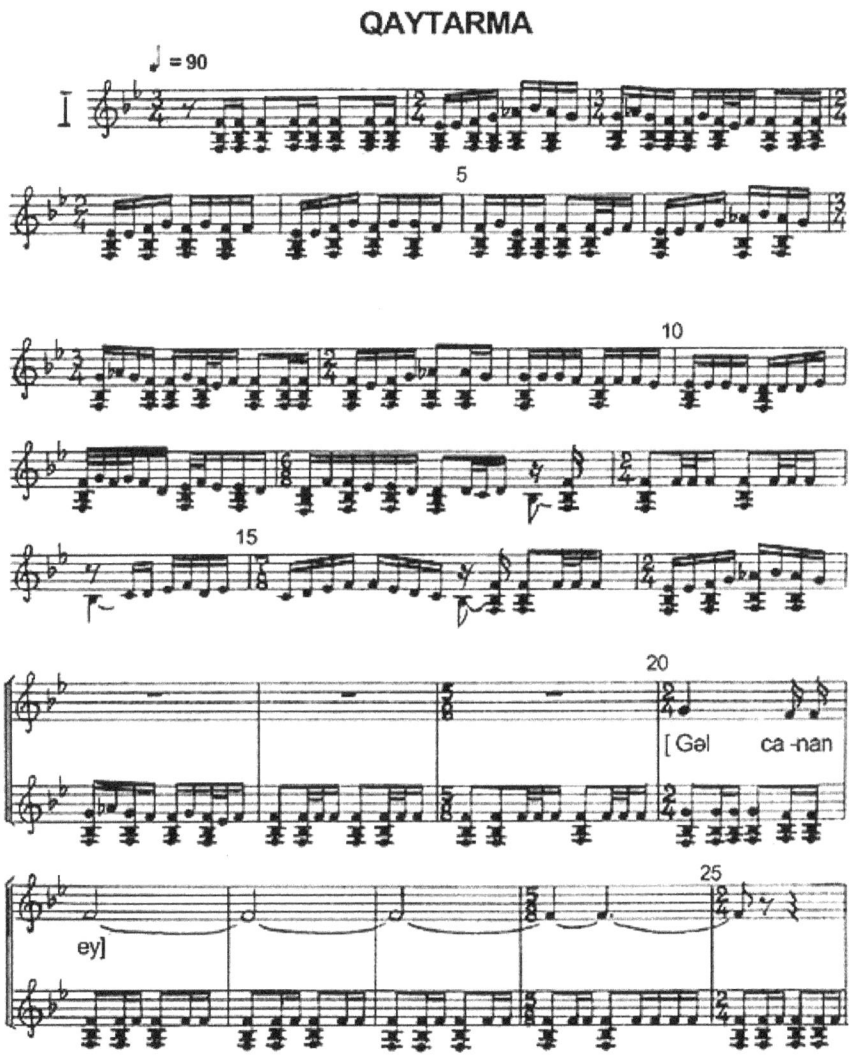

30
[a be -lə], Ye - rin - dan, yur -dun - dan [a ba - la] ,
[e - lə], ay - rı - lan kö- nül,
35
A - ra - bir vaxt ta - lıb [Hey- lim] , ağ - la - sın gə - rək.
40
45
Ə - zi - zi, əz-bə-ri
50
[ney - lim, o - lur ey],

qı - nıl - mış ki - mi,
Yas tu-tub ta -ra - lar
55
bağ-la - sın gə - rək,
[Şa-ma-ma ay, ö - lu - rəm,
ceyran, ö - lu - rəm ay].
60
65
70
75

[Gəl - ca - nan ey]
[Dedim be-lə], Demi-rəm in - çi - dib [ay a- man],
did - sin ü-zü- nü,
Tu-fa - na qərq
e - dib [nəy - lim]
döy - sün ö -

- zü - nü,
105
110
Nə qə-dər ol - sa - da [ay ca - nım],
e - lə], Ve-tən sö-zü - nü,
115
Çə - kib ü - rə -
-yin - də sax - la - sın gə - rek [Şa-ma-ma ay,ö-lü -
120
- rəm, tər - lan ö - lü - rəm, ay].

[Gəl ca-nan ey]
[ə - lü - rəm, ay, ey, ey, ey,

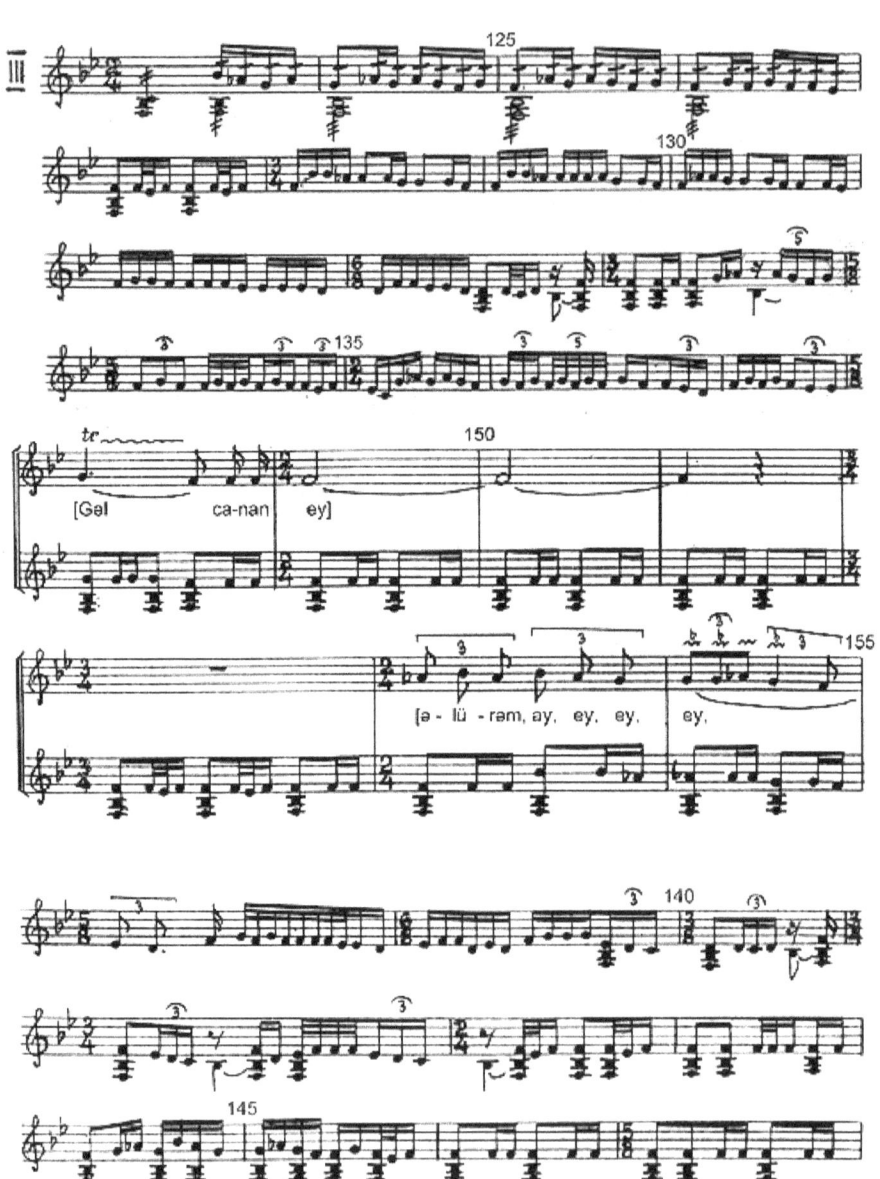

ay ağ - rın a - lım]
160
[a ba - la], Bir şi - kəs - tə
ne-yem [a ca - nan],
165
Bir qı - rıq ka - man,
gör-mə-dim dün-ya-da
170
[Ney - lim], ü - rək - dən ya - nan,
175
180

Vur - ğun
el - lər, Vur - ğun de - yib
[ney -
- lim],
185
[ağ - rı - dım ey],
ax - ta - ran za -
man,
Dö - yüb si - nə - si - ni
190
Daf - la - sın gə -
rək,
[Tər - lan ö - lü -
- rəm,
195
so - na, ö - lü -
rəm].

آهنگ شاه سئوه‌نی

ŞAHSEVƏNİ

35
[A be - lə], Mə - nə qa - ra de - yən gö - zəl,
mə - nə qa - ra de - yən gö - zəl,
40
Qaş - la - rın qa - ra de - yil - mi?
45
50
55
[Ay, e - lə], tö - kü - lüb dal gər -
- dən - də, tö - kü - lüb - dür [ay] dal gər -

60
- dən - də, Saç - la - rın qa - ra de -
65
- yil - mi, saç - la - rın qa - ra de -
70
- yil - mi? [A cey - ran, a cey - ran]. Qaş - la -
tr
75
- rın qa - ra de - yil - mi, Saç - la -
- rın qa - ra de - yil - mi?
80
85

موسیقی عاشیق‌های آذربایجان

135
[Yar, gəl ey],
140
Çən li - bel - də
qur - dum
bi - na,
145
150
Çən li - bel - də
qur - dum
bi - na,
155
tr
Bən - zə - yir - sən
a - ya,
gü - nə,

160
a - ya, gü - nə, a - ya, gü - nə,
165
Ağ ü -
170
- zun - də [ey], də nə - də - nə, ağ ü -
175
- zun - də [ey], də - nə - də - nə. Xal - la -
180
- rın qa - qa de - yil - mi? Xal - la -

tr
- rın qa - qa de - yil - mi?
185
190
III
195
200
205
210
215

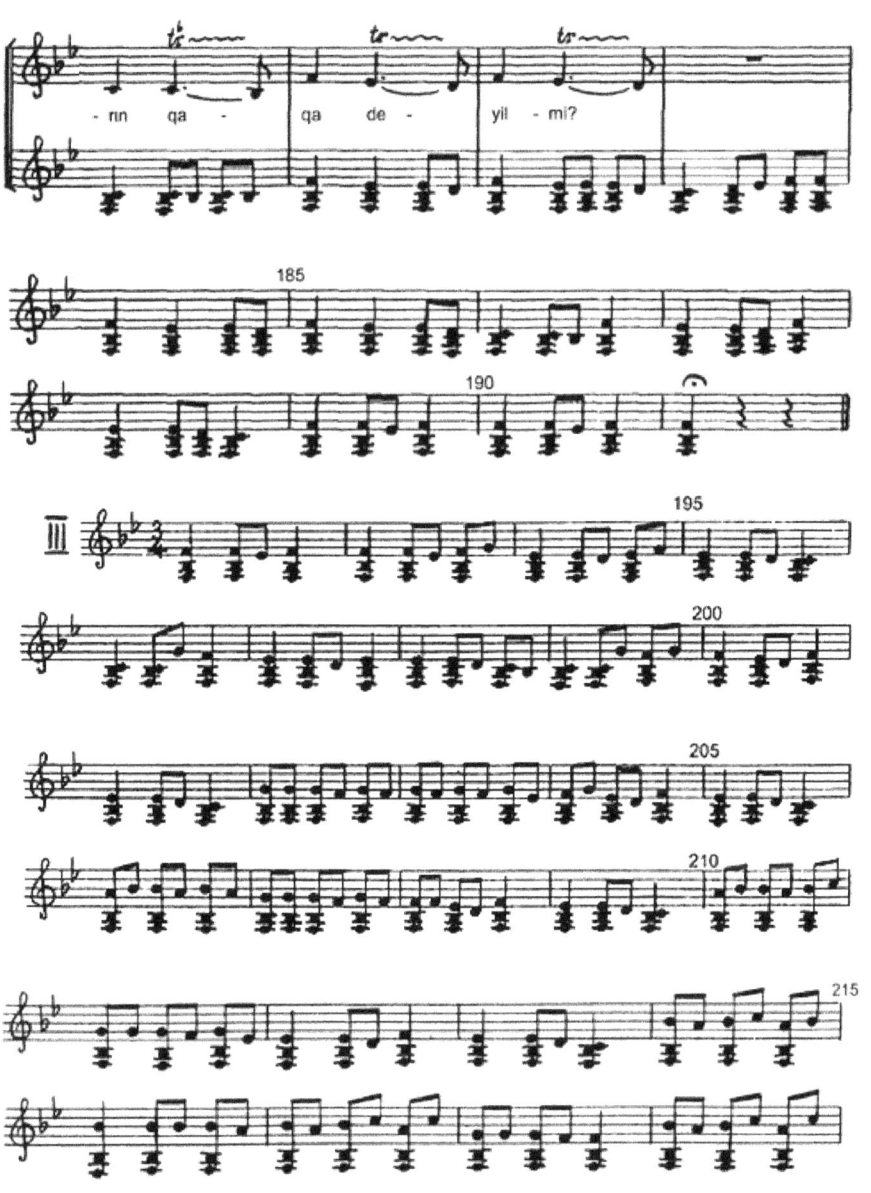

220
225
230
235
240
245
250
[Ey, ey,
ay],
255

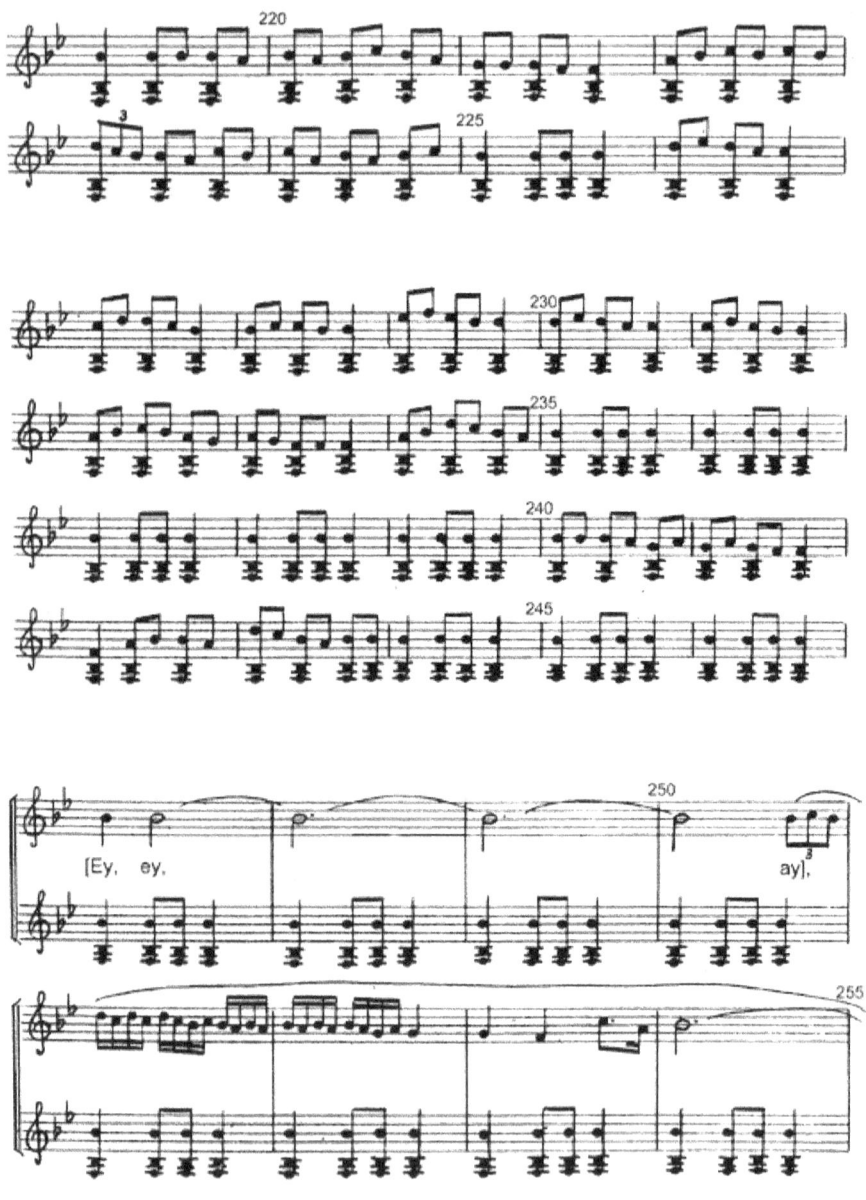

260
265
Ko - roğ - lu ma - yıl - dı
si - zə,
270
275
Qu - laq ve - rin sa - za, sö - zə [ey],

Qu - laq ve - rin sa - za, sö - zə [ey],
sa - za, sö - zə [ay] sa - za, sö - zə,
Çə - kib - sən [ay], a - la gö - zə
[ay]. Si - yah sür - mə a - la gö - zə,
Çə - kib - sən qa - ra de -

300
tr
305
310
315
- yil - mi? [ay
qa - dan
a - lım, ay
qa - dan
a - lım].

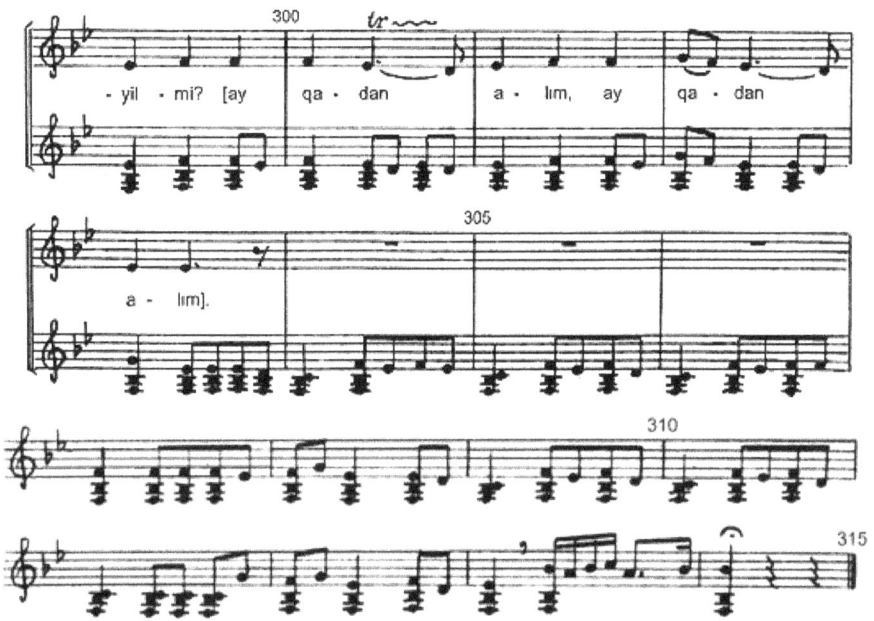

آهنگ عرفانی

URFANI

[De-dim], Ey qib - lə - yi - a - ləm
[ey,
ay ba - la], ka - ni şə - fa - ət,
İs - tə - rəm dər - di - mə [ney - lim],
[of!] də - va - lər sən - dən.
Çox - la - rı mə - nim [ki -mi ey],
boy, boy, boy],

55
[Bə - lə ey], is - tə - yif [din, ey] nə - cat.
Ba - xış o - lub [ey],
60
on - la - ra ə - ta - lar sən - dən.
65
[Ö - lü - rəm Ley - la, Ley - la, Ley - la].
70
bəşx o - lub [ey], on - la - ra [ey],
75
a - ta - lar sən - dən.

II
80
85
90
95
100
105
110

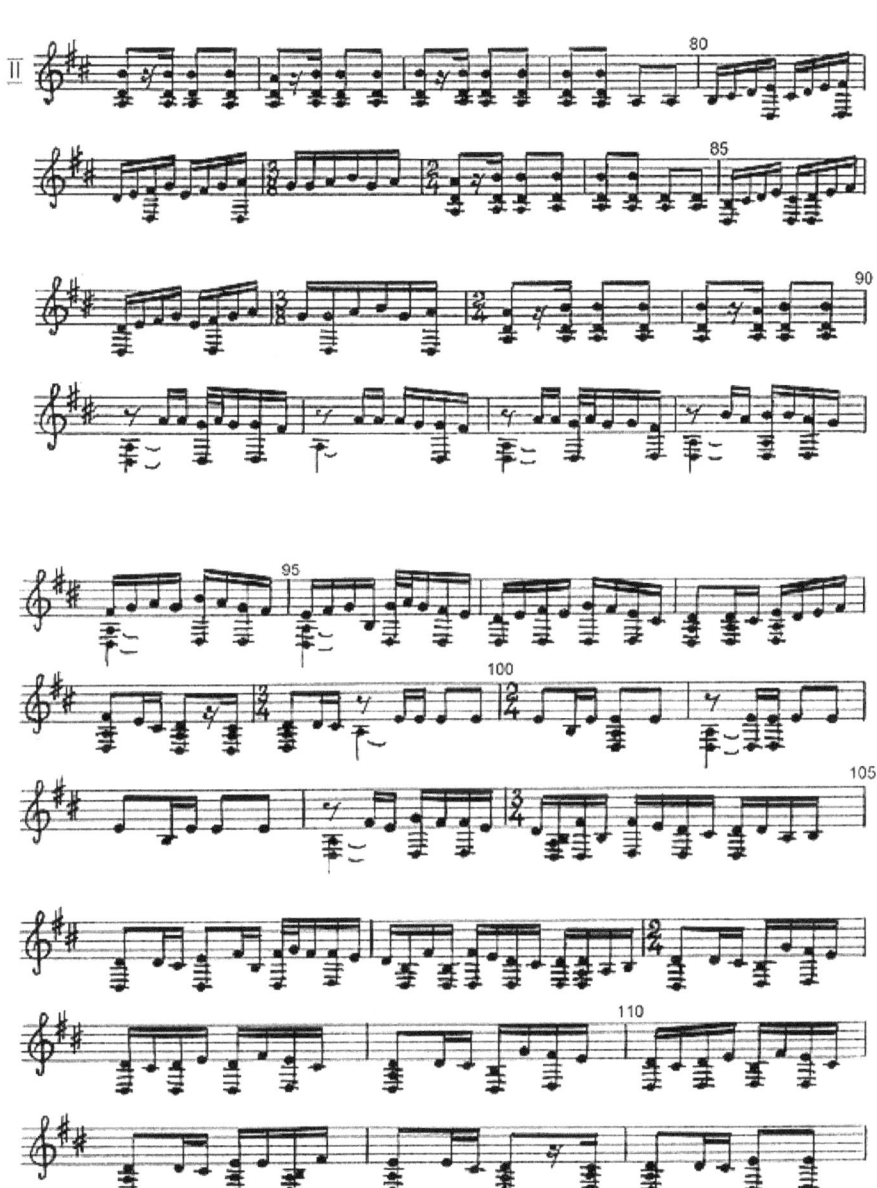

[De - dim], Ey qəd - ri bi - lin - maz. [ey,
a ba - la], lüt - fə - si a - lı,
Sən - sən [ey] müş - kül - lə - ri [ney - lim],
[Of!], ey - lə - yan ha - lı,
[Bu], Di - va - na oğ - lu - ma [ey, boy, boy, boy],

135
ver - sən [ey] ka - ma - lı,
Çox- la - rı ye - tib - di
140
kə - ma - la sən - dən [a - man,
a - man,
a - man,
145
a - man],
[Ö - lü - rəm Ley - la,
Ley - la,
150
Ley - la!].
Çox - la - rın [ey], ye - tib -
- di [ey],
ka - ma - la sən - dən.

III
155
160
165
170
175
180
185
190

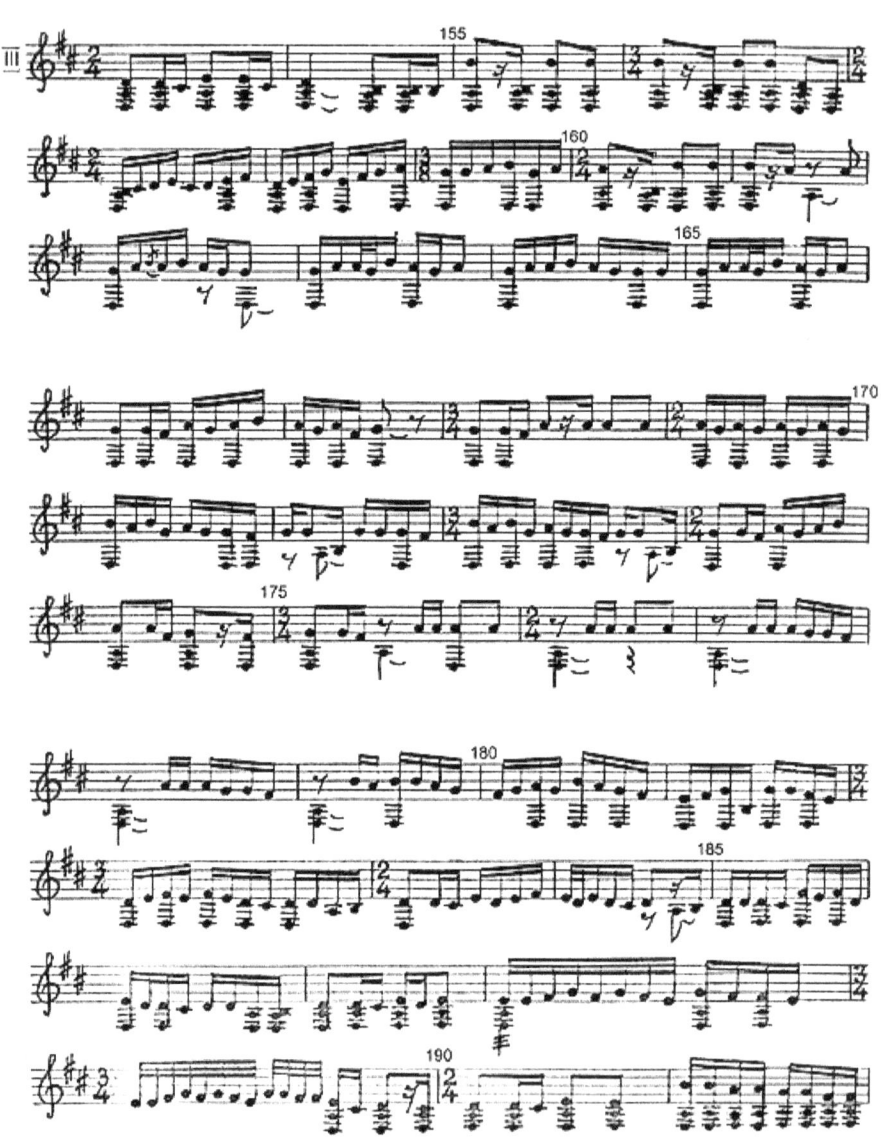

195
200
205
[De - dim ey], Kal - va - yı - vey - tul - lah [ey,
a ba - la], de - yir - lər a - dım,
210
İb - ra - him Xə - li - lül - lah [Ney - lim],
215
[Of!], Ya - nıb - dı [ey], bun - ya -
220
- dım Sid- qi - lə [ey] ça - ğır - ram, ey [boy, boy, boy, boy, boy.]

225
ey, qib - le - yi - bağ - da - dım, Ab-du - la da gör - sün,
230
şə - fa - lar sən - dən [a ,
235
ö - lü - rəm Ley - la, Ley - la, Ley - la].
şə - fa - lar sən - dən [a ,
235
ö - lü - rəm Ley - la, Ley - la, Ley - la].

آهنگ بورچالی گوزللمه‌سی

BORÇALI GÖZƏLLƏMƏSİ

30
Bu dağ- da [ey], ma-ral ağ - lar,
i - nil - dər.
III
35
40
[De - dim ey], Kə- rəm de - yər [ey];
45
Səy-yad o - lan [ey], o - va tü - fəng
at - ma - sın,
Qəs-sab o -lan [ey],ma-ral

50
ə - ti sat - ma
sın [qoy qa -dan a -
lım],
Ov- çu, sə -nin [ey] ba - la - la -rın art -ma-sın,
55
Bu dağ- da [ey], bir ma- ral
ağ - lar, i - nil -
- dər, ağ - lar, i - nil -
dər [qoy qa - dan a -
lım],
60
Bu dağ- da [ey], ma - ral
ağ- dar, i - nil - dər.

آهنگ دوبیت

DÜBEYT

Qal - dım yal - va - ra - yal - va - ra... [Ley - li, Ley - li],
Ley - li, Ley - li, qa - dan a - lım].

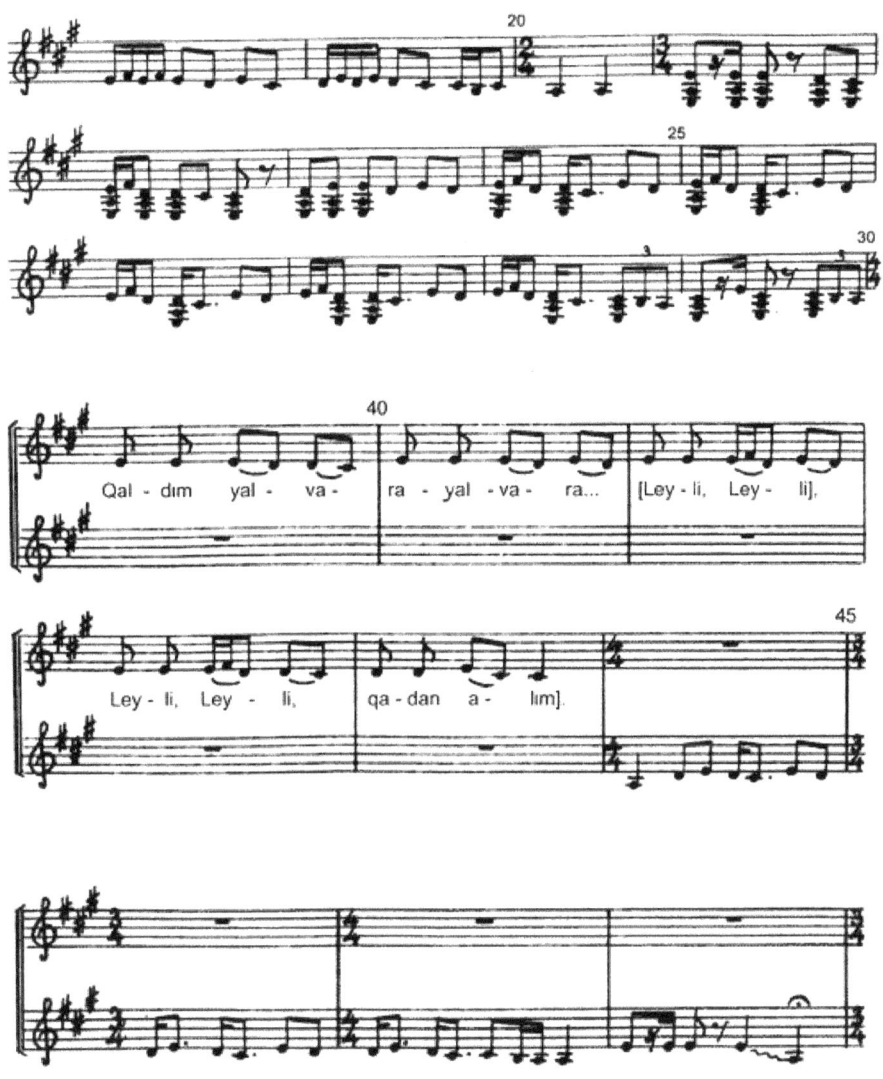

50
Qa - pı - sı - na ge - çə - gün - düz,
Gəl - dim yal - va - ram [ay Ley - li], yal - va - ram [Ay

آهنگ ایران قاراچی‌سی

İRAN QARAÇİSİ

mən in - sa - nı ta - nı - ram,
Əy - ləş, bir ca - va - bı - nı
sən - də gör in - di.
25
Müş - təq ol - du [ey], o şa - nı - na [ey]. söz de - yə -
30
- nə,
ba - ğış - la - ram [ey] nəş - kəş in - di, nar in - di.
35
Müş - taq ol - dum [ey],

o - şa - nı - na [ey], söz de - yə - nə [Mən a - lım qa -
40
- dan]. ba - nş - la - ram [ey] peş - kaş in - di,
45
nar in - di.
II
50
55
60

[De - dim ey], Mə - də - ni - yəm [ey,
ney - lim ey,], tüc - car bağ - lar yü - kü - mü,
Ba - ğım - da var hər çi - çək - dən gül in - di.
Mən bi - li - rəm [ey], na - rı - yın qiy - mə - ti, beş qə - pik - dir,
Sif - tə ver - dim bir ab - ba - sı al - ın - dı.
Mən bi - li - rəm [ey], na - rı - yın qiy - mə - ti, beş qə - pik - dir,

[ey].
[Mən a - lım qa - dan].
85
Sif - tə ver-dim [ey]. bir ab - ba - sı
al in - di.
VI
90
95
100
105

110
[De - dim ey], Mən Nə - bi - yam [ey, ney - nim ey],
115
Bu ca - ha - nım [ey], bül - bü - lü, O-tuz min şa - i - rə
ye - tir - rəm dil, [ey].
120
Bor - ça - lı [ey],
125
qu - ca - ğın - da [ey], Fax - ra - li e - li, İ - nad ol - sa
130
eş - qim da - şar sel in - di.

135
bor - ça - lı [ey], Qu - ca - ğın -da [ey] Fax - ra - lı e - li [ay], a - man, a -
- man, man, a - lım qa - dan],
140
i - nad ol - sa eş - qim da - şar sel in -
145
- di.

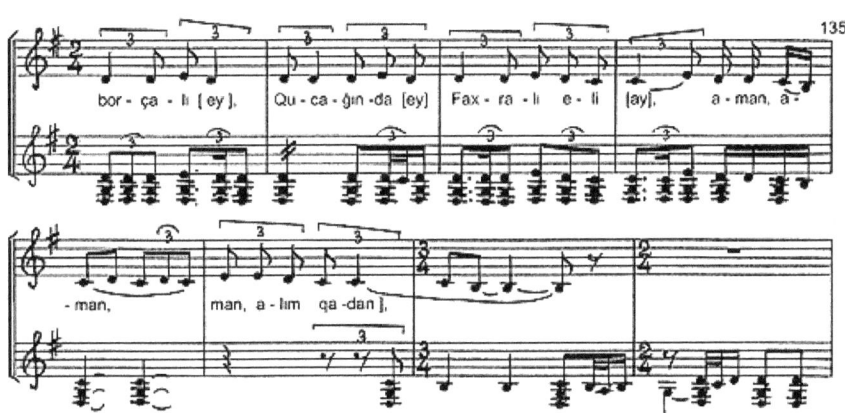

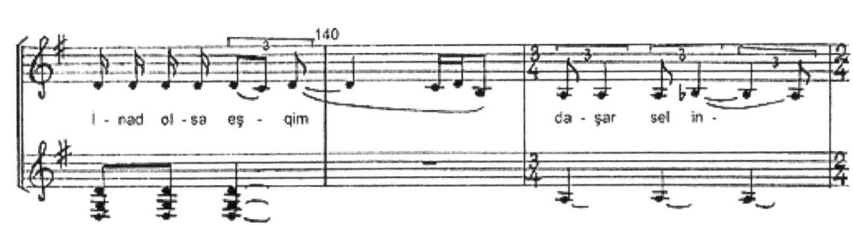

آهنگ اووشاری (افشاری)

OVŞARI

Sə - hər du - rar ar - na - mu - sun göz - lə - məz
Su - yu tö - kər, öz o - ca - ğın sön - dü - rər. [a, ay,
a cey - ran, a, ay, mən öl - ləm].

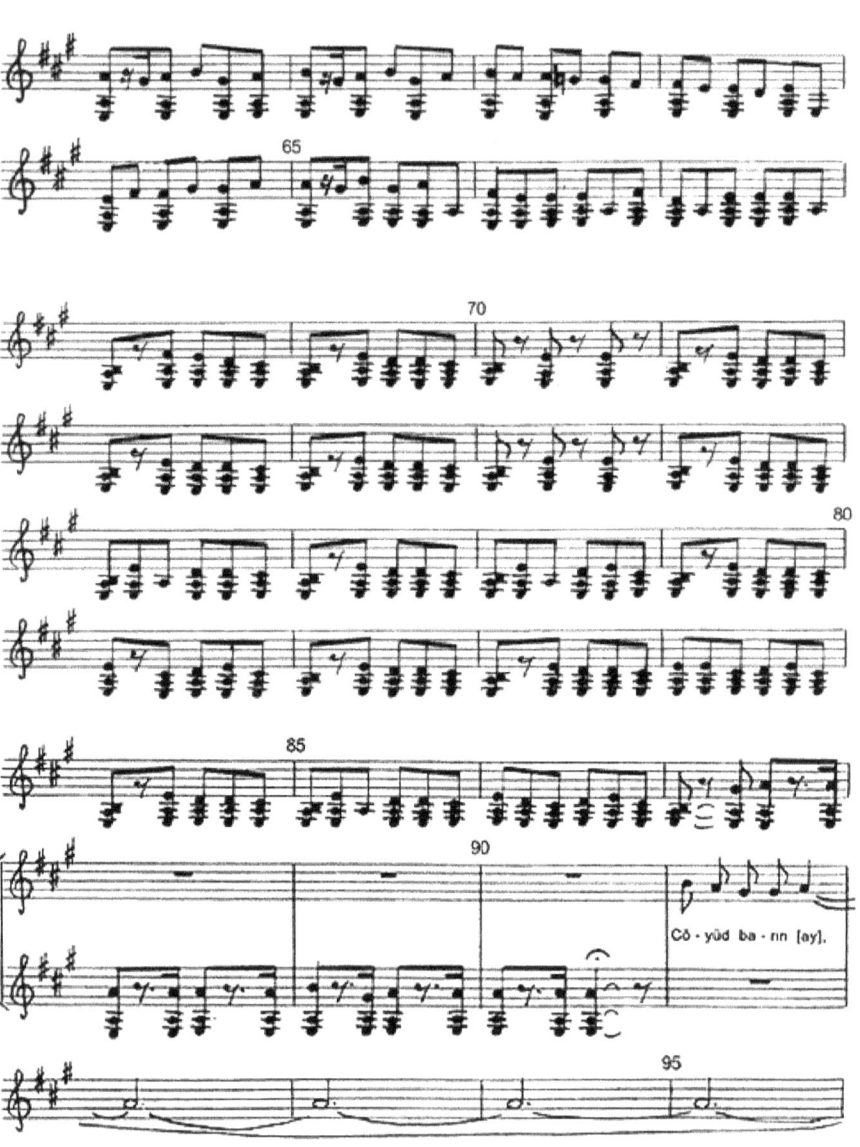

65
70
80
85
90
Cö - yüd ba - rın [ay].
95

Sö - yüd bar gə - tir - sə, bağ - ça bağ ol - maz,
Zi - bil tə - pə ol - sa , gül - lük
dağ ol - maz, [a cey -
- ran , a cey - ran] ,

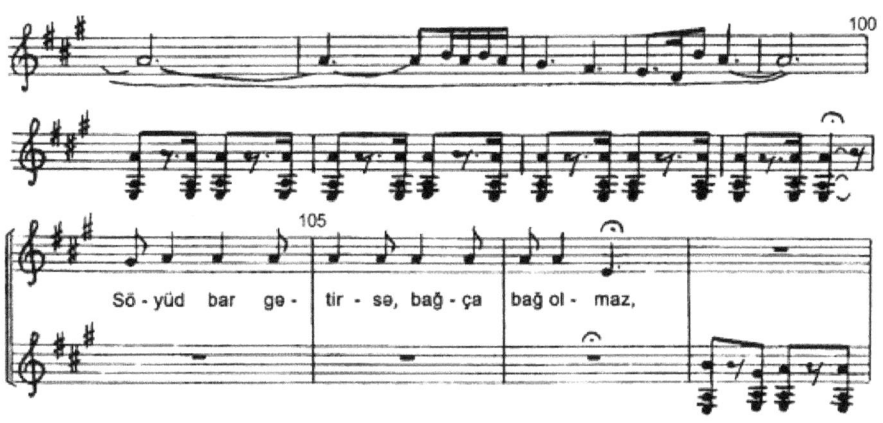

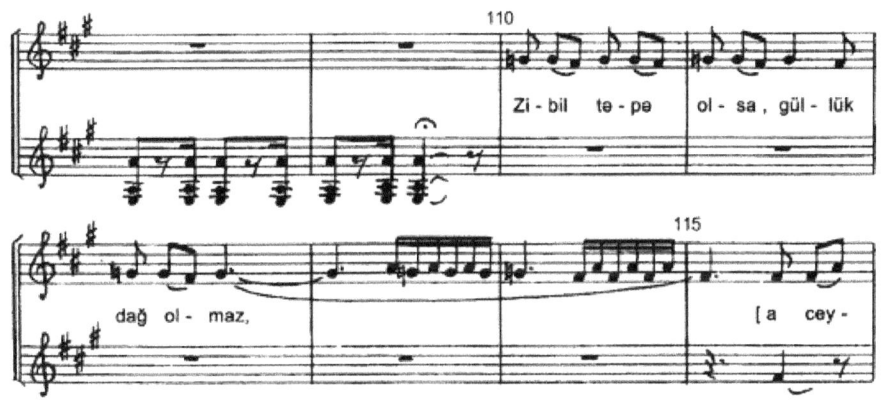

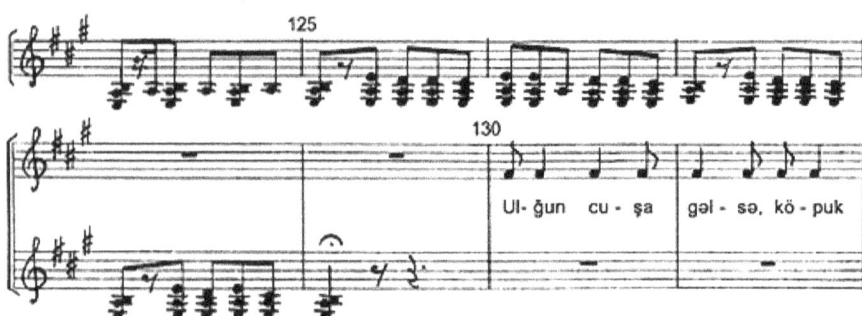

125
130
Ul- ğun cu - şa gəl - sə, kö - puk
yağ ol - maz, Yel ə - sən - də al - çaq - la - ra yen - di - rər.
135
140

Zi - bil to - po ol - sa, gül - lük dağ ol - maz [a,
145
a cey - ran, a, a tor - lan],
150
Yel ə - sən - də al - çaq - la - ra
155
yen - di - rər.
III
160
Ab - bas de - yər bu söz - lə - ri sə - rin - dən,

165
Ar - xı vu - run su - yu gəl - sin də - rin - dən,
170
175
Söz bir ol - sa,
dağ oy - na - dar ye - rin - dən, El bir ol - sa, zər - bi kə - rən
180
sın - dı - rar.

185
El bir ol - sa, zor - bi kə - rən
190
sın - dı - rar [ey tər - lə - nım, ey,
cey - ra - nım, ey, mən öl - ləm].
195

آهنگ سمندری

SƏMƏNDƏRİ

موسیقی عاشیق‌های آذربایجان

30
[Gəl ey] ,
Ba - şı - na dön -
35
- du - yum və - fa -
lı dil - bər ,
Do - lan , gəl ya - nı - ma
40
sən şi - rin ,
şi -
rin , şi - rin ,
şi - rin , şi -
45
- rin
[ey] .

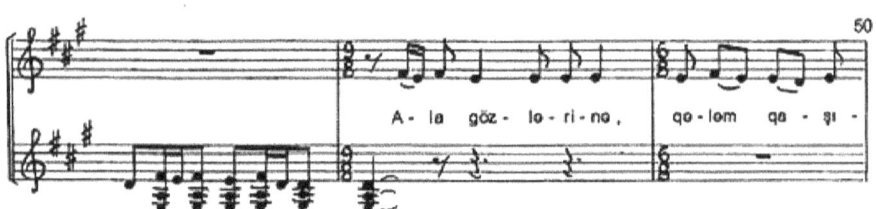

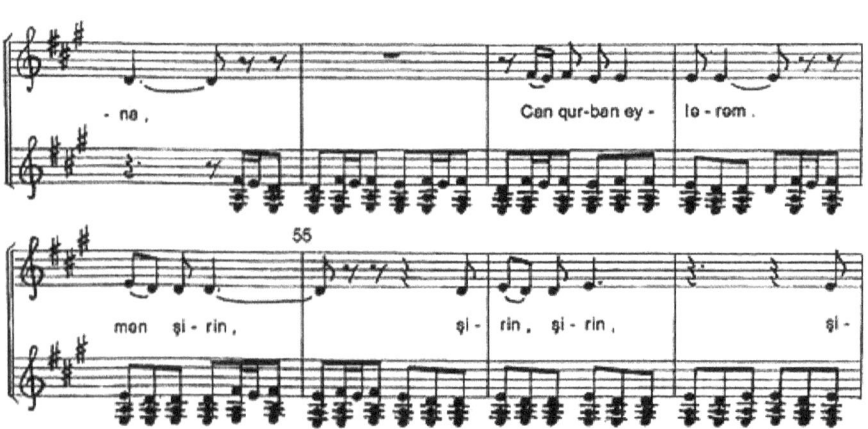

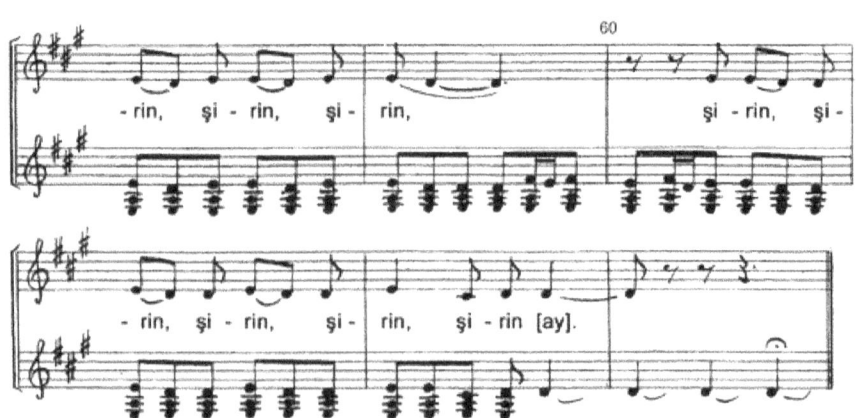

50
A - la göz - lə - ri - nə , qə - ləm qa - şı -
- nə ,
Can qur - ban ey - lə - rəm .
55
mən şi - rin , şi - rin , şi - rin , şi -
60
- rin, şi - rin, şi - rin, şi - rin, şi -
- rin, şi - rin, şi - rin, şi - rin [ay].

Ağ u - zun - dən rü - bən - di - ni gö - tür - sən,
Mis - kin mu - ra - dı - mı ka - ma ye - tir - sən,

95
Ö - lən vax - tı ba - şım üs - tə
100
o - tur - san,
Ver - rəm az - ra -
105
- i - lə can şi - rin, şi - rin - şi - rin, şi -
110
- rin - şi - rin, şi - rin - şi - rin -

şi - rin,
[ey]
III
115
120
125
130
135
140

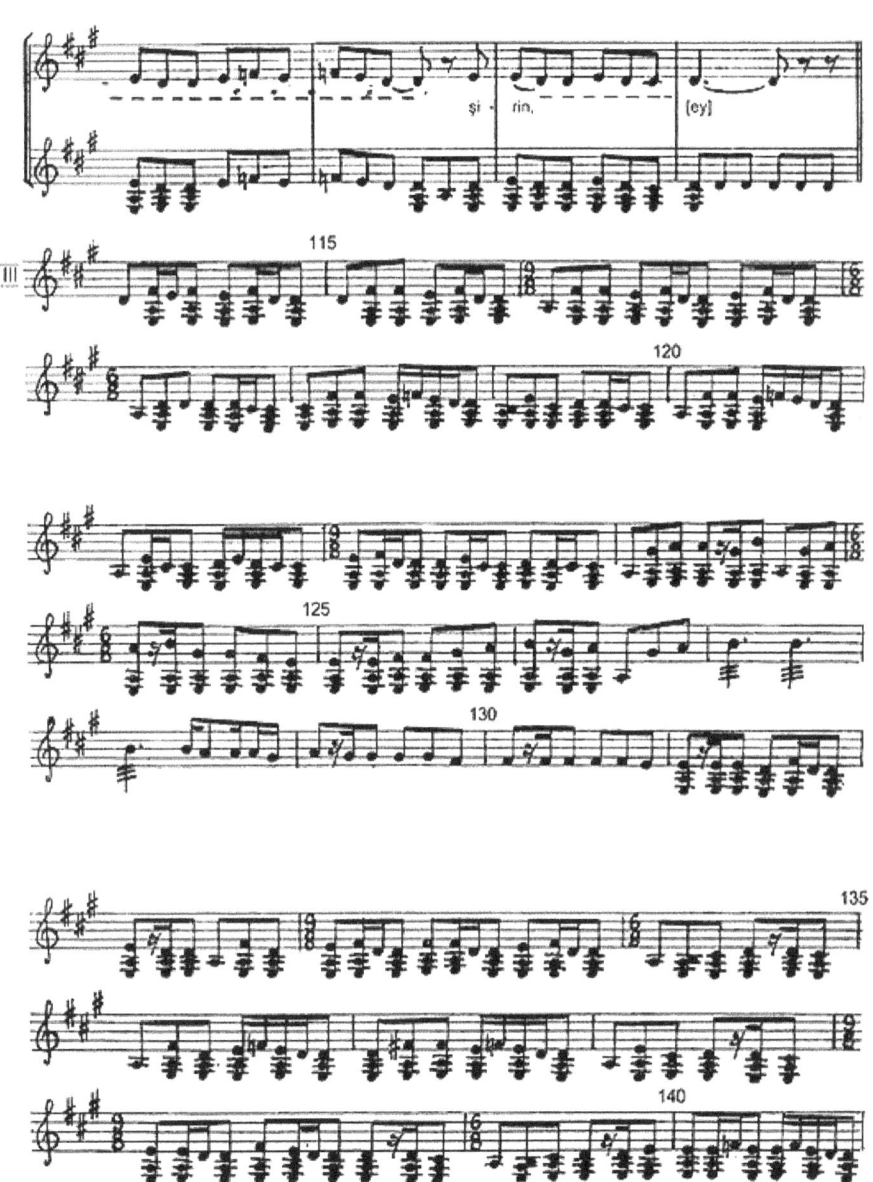

145
[Gəl ey],
150
Sə - ni ni - şan al - dım, baş vur - du gül - ləm,
155
Cə - ma - lın gör - mə - səm, yə - qin
bil öl - ləm,
160

160
bil öl - ləm,
Qa - la - san od -
la - ra, ca - nı
165
şam bil - ləm,
De-yər -sən, ay
170
Mir - zə,
yan şi - rin,
şi -
- rin,
şi -
rin,

175
şi - rin.
180
Ay Mir - zə, yan şi - rin, şi - rin
185

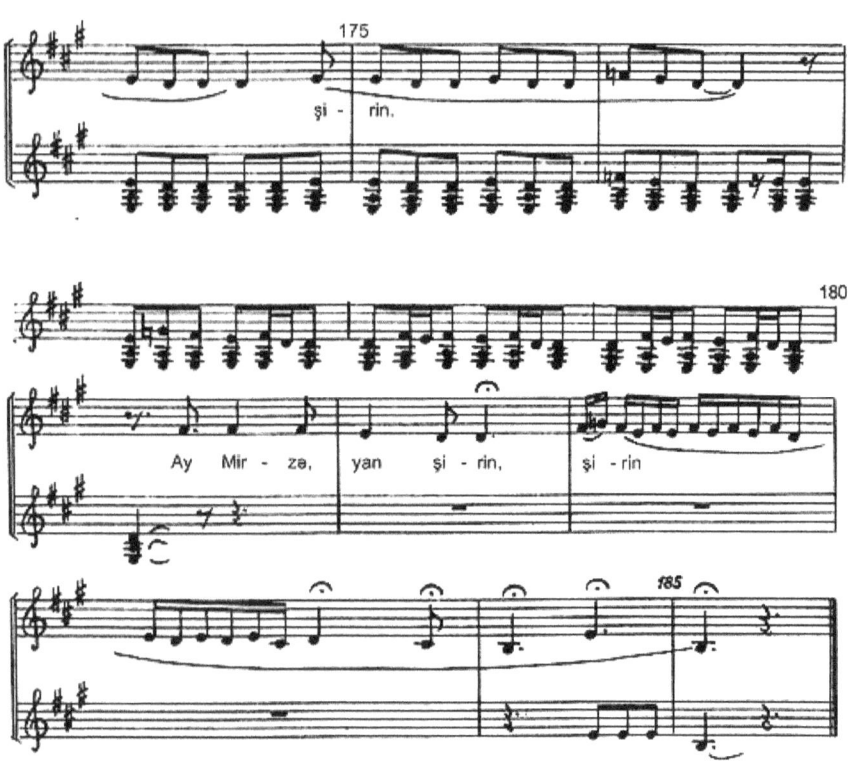

آهنگ سلطانی

SULTANI

pi - ra - nı qo-ça, [o], Kə-dər ol - sun də qə -ri - bə də gəl - sən
35
[a, i, ba - la, a, i, ba - la, a, i, ba - la, a,
40
cey - ra - nım]
45
[A], Nə gün - dü - züm [nə] gün - düz - dü, nə ge - cəm - ge - cə,
ge - dər ol - san, a - şıq qə - ri - bə

50
de gəl - sin.
55
[Mən a - şi - qəm oy -dun mə - ni,
rubato
Nar ki - mi [ey, ney -lim] , soy - dun mə - ni,
60
[A], Nə göl-gən-də sax - la - dın Nə-də
bir gü - nə qoy - dun mə - ni].
[A - man,
65

ey] .

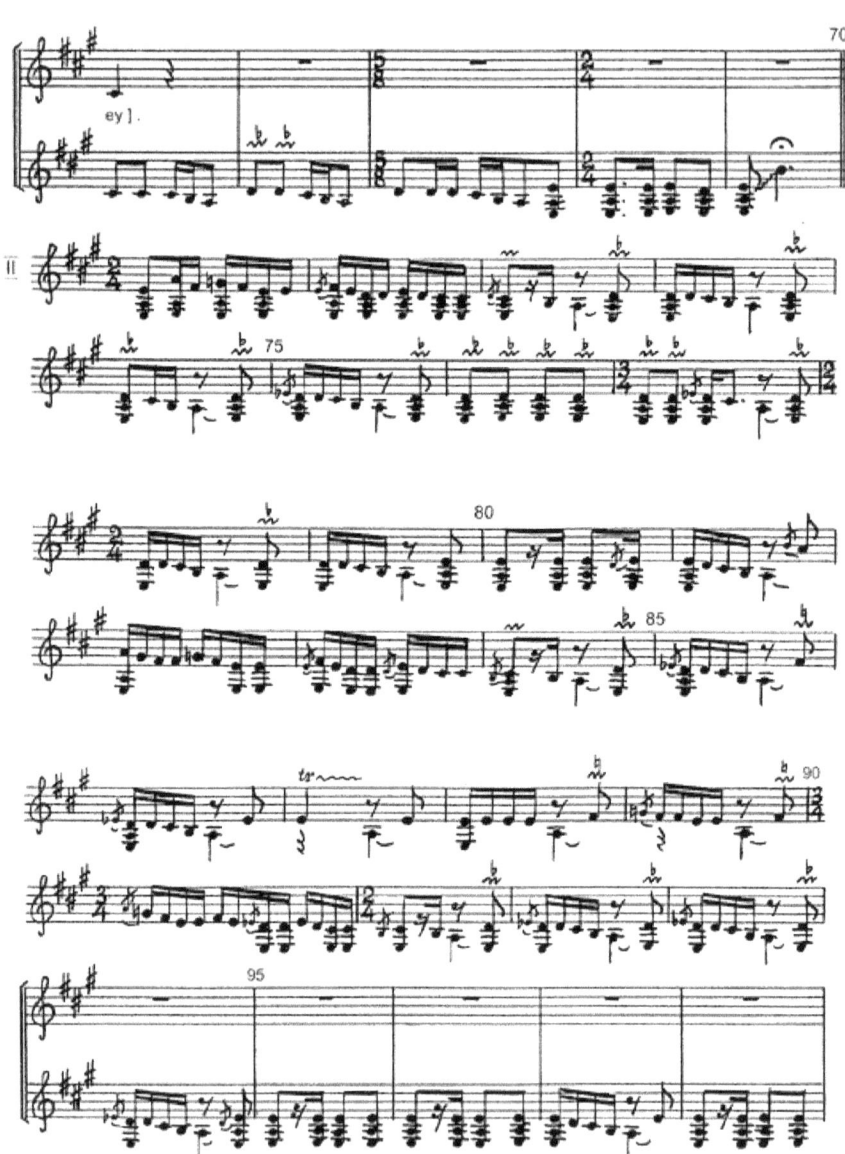

[De - dim ey], Gö - rür - sən - mi [ey], sey - rə - quf - lar [ey],
nə - lər gö - rür - lər, [A], bağ - ça - lar - dan [ey], qı - zıl
gül - lər də - rir - lər [a, i, ba - la, i, ba - la, ba - la
yan - dım].
[A], Mə - ni [ey], zor - nan [ey], öz - gə - si - nə ve - rir - lər,

120
Ge - dər ol - san [ey], a - şıq qə - ri - bə
de gəl - sin.
125
[Bu dərd mə - ni
130
dəng e - lər,
gü - nü-gün -dən [ey] dəng e -
lər,
135
Ay - n - lıq [ey], a - dam öl - dür -

-məz
sa - ral - dar bəd - rən ey - lər].
[Ay, a - man ay,
ey]
III

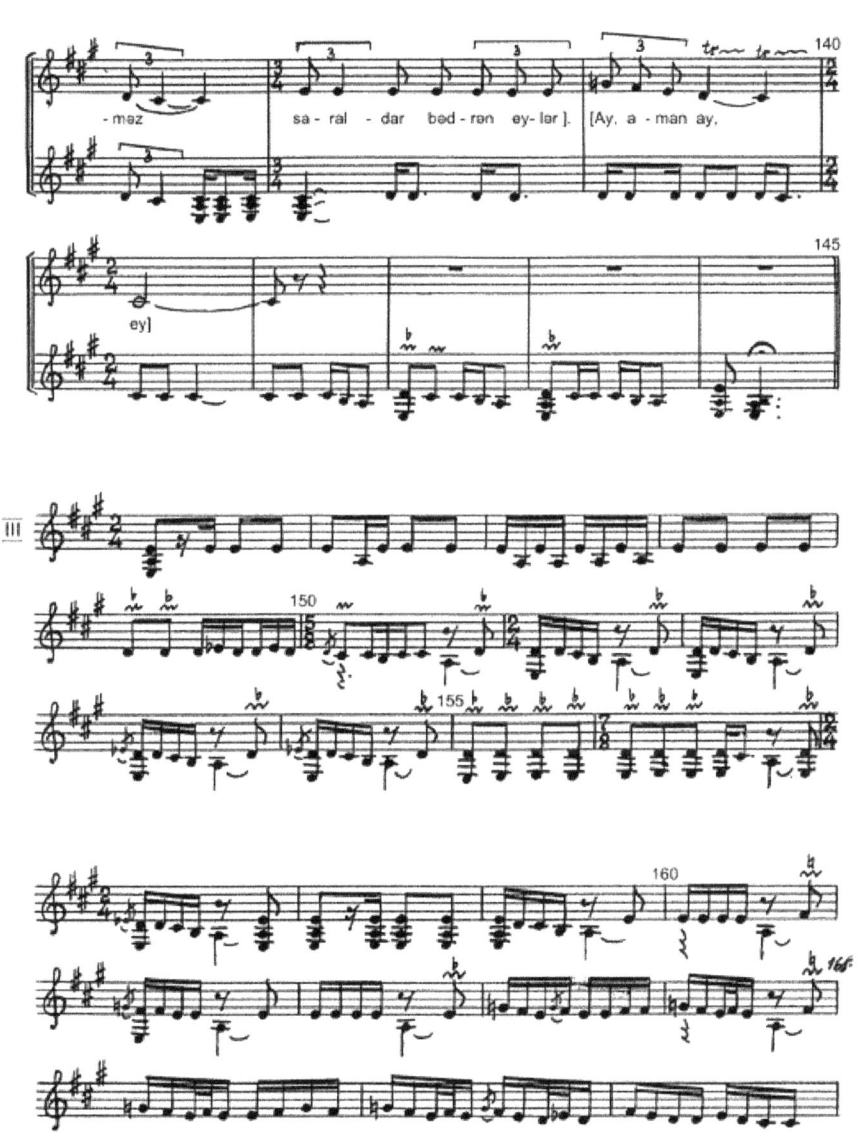

[De - dim ey], Şah - sə - nə - məm [ey, ney-nim ey] , söh - bət - də - yəm,
söz - də - yəm,
[A], Qa - ra bağ - tım [ey],
ka - bab döy - lü [ey] duz-da yam, [a, i, ba - la, i, ba - la.
cey - ra - nım],

[A]. Yed - di il [ey]. söz ver - mi - şəm, doq - quz il göz-
- lə - rəm,
195
Ge - dər ol - sam,
bax - tı qa - ra de, gəl - sin
200
[Göz-də qa-ra, -[yı],
205
Sür - mə - də [ey, ney - nim], göz - də qa-
210

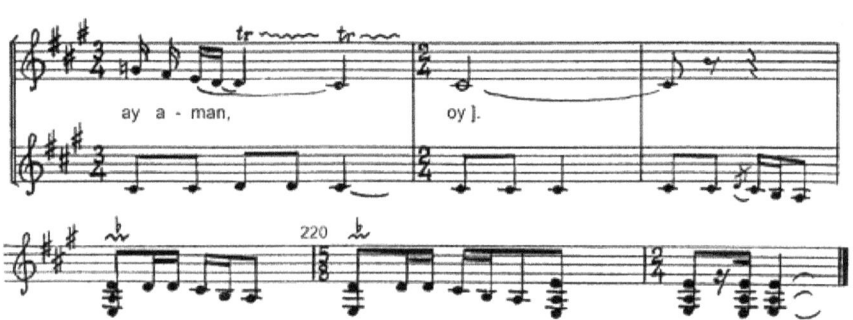

- ra, [ay], Yol - la - ğı - nı [ey], bax-maq -lam.
215
Qal - ma - dı göz - də qa - ra.] [A - man, a - man, ey,
ay a - man, oy].
220

آهنگ واقف گوزللمه‌سی

VAQİF GÖZƏLLƏMƏSİ

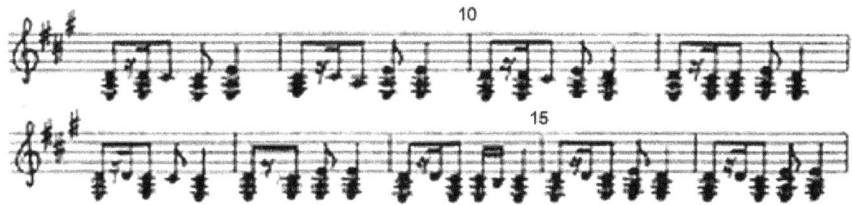

[Ay], Tə-zə mə-ni eş-qə sa-lan növ-ca-van, Eq-qin mə-ni gün-də yüz ba-

-fat ey - lər.
30
Həs - rət i - dim dil - da - rı - mı
35
gör - mə - yə, Qan ağ - lar göz - lə - rim, şi - ka - yət ey - lər.
40
[A cey - ran, a tər - lan, bəx - tə - vər, mən öl - ləm].
II
45
50
55

60
Mə - lək - lər sul - ta - nı, a - dı Şir - za - da, Mey - li - ni kəs -
65
- məy - nən biz - dən nə ba - da,
70
Sir - ri - ni bil -
- dir - mə hər ye - tən ya - da,
75
Ge - dər or - da, bur - da hey qey -
- bət ey - lər. [Qaş- la - rı qa - ra,
80
dər - di - mə

ça - ra, ay qa-dan al- lam sə - nin, a tər - lan].

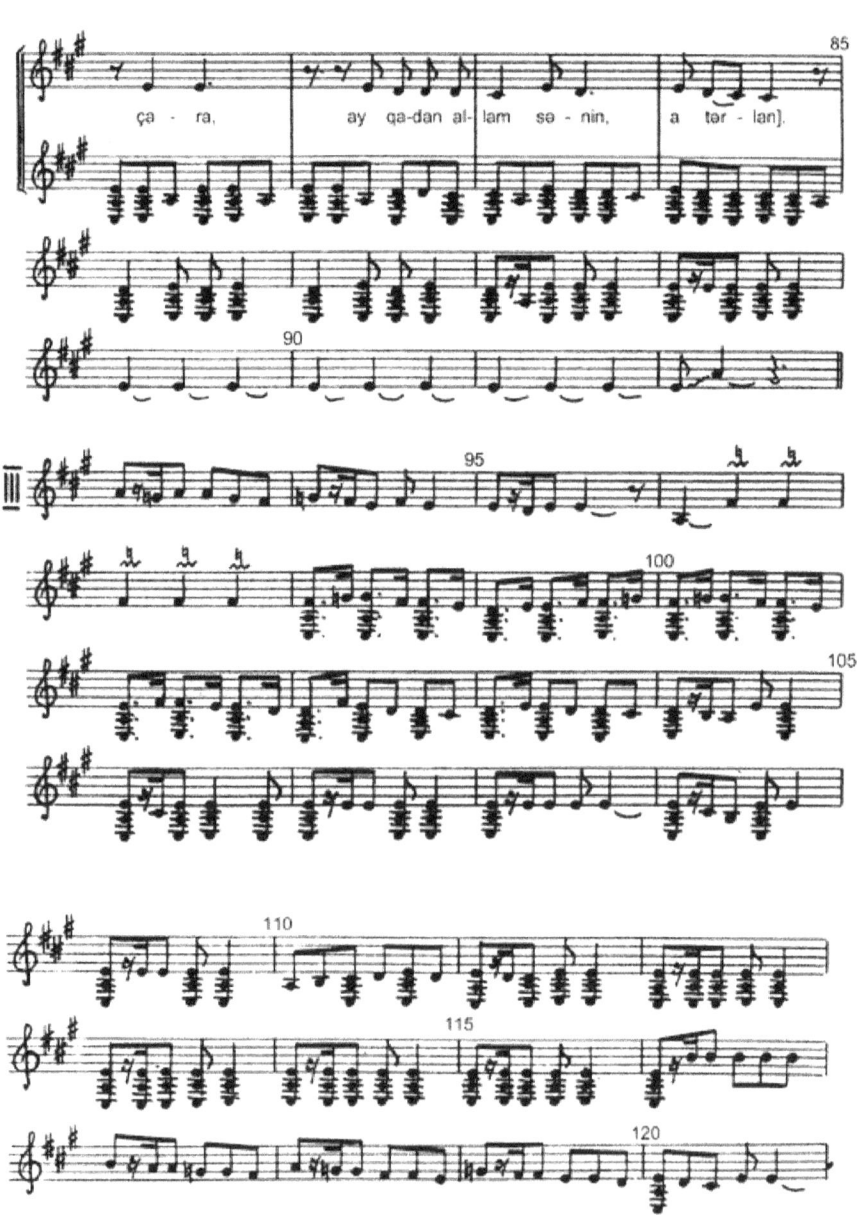

Rubato
125
[A,
ey,
130
yar,
135
yar].
a tempo
140
145
Öz - gə - lər bil - mə - sin dər - di - mi səm bil,
Sən bağ -ça - da
150
bir gül, mən sə - nə bül - bül.
Bir - si ya - sə - mən - di, bir - si

155
tə - zə gül, Kə - rim, ay qız, si - zə zi - ya - rət ey - lər.
160
[A - man, a cey - ran, a dər - din al - lam,
165
gez - di dün - ya - da. ya - nı - ram o - da,
170
A cey - ran ba - la, a tər - lan ba - la].
175

ضمائم

۱. کتابنامه
الف) منابع ترکی، با الفبای لاتین و سیریلیک

ب) منابع ترکی، با الفبای عربی

ج) منابع فارسی

۲. مقاله‌نامه

کتابنامه

الف) منابع ترکی با الفبای لاتین و سیریلیک

Axundov, Ə, *Azərbaycan aşıq və şairləri*, hazırlayan Saim Sakaoğlu, İstanbul, Halk kültürü, 1985.

Araslı, H, *Aşıq yaradıcılığı*, Baki, birləşmiş nəşriyyat, 1960.

Babayev, E, *Şifahi ənənəli Azərbaycan musiqisi intonasiya problemləri*, Baki, 1998.

Bədəlbəyli, Ə, *İzahlı monoqrafik musiqi luğəti*, Baki, Elm, 1969.

Qasımlı, M, *Aşıq sənəti,* Baki: ozan, 1996.

Namazov, Q,, *Azərbaycan Aşıq sənəti*, Baki, Yazıçı, 1984.

Həkimov, M, *Azərbaycan Aşıq ədəbiyyatı*, Baki, Yazıçı, 1984.

Kafkasyalı, Ali, *İran türklerinin Aşık mühitleri*, Erzirum, ofsset, 2006.

Eldarov, M, *Azərbaycan Aşıq sənəti*, Baki, Elm, 1996.

Zöhrabov, R, *Şifahi ənənəli Azərbaycan professional musiqi*, Baki, 1996.

Əlizadə, H, *Aşıqlar* (2 cild), Baki, 1936.

Məmmədov, Tarıyel, *Azərbaycan xalq_professional musiqisi, Aşıq sənəti*, Baki, 2006.

ب) منابع ترکی آذربایجانی، با الفبای عربی

ساعی، حسین، سازلی سوزلی عاشیقلار و عاشیق داستانلاری، تبریز، زرقلم، ۱۳۸۳.

آخوندوف، اهلیمان، آذربایجان عاشیقلاری، کوچورن ولی رحیم‌زاده‌بردی، تهران، دنیای نو، ۱۳۸۷.

احمدی، ناصر، آلدی گورک نه‌دئدی (عاشیق داستانلاری)، تهران، اندیشهٔ نو، ۱۳۸۶.

بزرگ امین، اکبر، یازا، عاشیغام «عاشیق شعیرلری» قوشمالار، گرایلی لار،... ارومیه، ادیبان، ۱۳۷۹.

حقیری، قنبر و بهرام اسدی، ایران آشیقلاری، ارومیه، یاز، ۱۳۸۴.

بزرگ امین، عاباس، گؤزه‌للیک نغمه‌کاری، عاشیق علعسگر، تبریز، نشر خیام.

دربندی، جواد، عاشیقلار دویناسی، دیوانیلر، مخمس لر، گرایلی لار، اوستادنامه و قوشمالار، تبریز، فروغ آزادی، ۱۳۸۲.

روشن‌روان، احمد، عاشیقلار ائل ائلچیلری: عاشیق‌های معاصر آذربایجان، تبریز، هادی، ۱۳۸۳.

حمیدی علیار، اکبر، ائل سسی، تهران، کوثرعلی شهبازی (عاشیق سلجوق)، ۱۳۸۴.

فیض‌اللهی وحید، حسین، عاشیقلار (معاصر آذربایجان عاشیقلاری)، تبریز، یاران، ۱۳۶۹.

کاظم‌اوف، غ، قوربانی (عاشیق قوربانی حیاتینا بیر باخیش)، کوچورن ناصر احمدی، تهران، زوفا، ۱۳۸۰.

کوکبی، یوسف، یارادیجی شاعیرلر و عاشیقلار حاققیندا معلومات، تبریز، زینب، ۱۳۸۰.

ج) منابع فارسی

نتل، برونو، اتنوموزیکولوژی موسیقی ملل و اقوام، ترجمهٔ دکتر مجتبی خوش‌ضمیر، تهران، کتاب آفرین، ۱۳۶۷.

وجدانی، بهروز، فرهنگ موسیقی ایرانی، تهران، سازمان میراث فرهنگی، ۱۳۷۶.

درویشی، محمدرضا و ایمران حیدری، آئینه و آواز، تهران، مرکز موسیقی حوزهٔ هنری، ۱۳۷۶.

زاهدی، جواد، صنعت عاشیقی وخاستگاه آن، www.azmuzik.persianblog.ir/page/ashiq

مقاله‌نامه

شارلوت ف. آلبرایت، «عاشیق و موسیقی او: در شمال غربی ایران (آذربایجان)»/ ترجمهٔ ناتالی چوبینه، فصلنامهٔ هنر، ش ۶۳، بهار ۱۳۸۴، ص ۱۶۴ ـ ۱۷۶.

افتخاری، محمد، «بخوان به زخمهٔ عشق، عاشیق!»، ماهنامهٔ آزما، ش ۱، دی ۱۳۷۷، ص ۳۴ ـ ۳۷.

تهرانی، امیرفریدون، «ابهر، شهر عاشیق‌ها»، روزنامهٔ جام‌جم، ۱۲ بهمن ۱۳۸۵، ص ۱۴.

سفیدگر شهانقی، حمید، «عاشیق کیست؟»، کتاب ماه هنر، ش ۳۹ و ۴۰، آذر و دی ۱۳۸۰، ص ۹۲ ـ ۹۳.

سفیدگر شهانقی، حمید، «من عاشیق...» ماهنامهٔ جهانگردان، ش ۱۳، اسفند ۱۳۷۷، ص ۴۸ ـ ۵۱.

سفیدگر شهانقی، حمید، «نگاهی به هنر و ادبیات عاشیق‌های آذربایجان»، فصلنامهٔ گوهران، ش ۱، ص ۱۳۸ـ۱۵۰.

صدیق، ح.م، «عاشیق‌های آذربایجان، خنیاگران حقیقت و زیبایی»، هفته‌نامهٔ مهر، ش ۱۱۶، ۲۳ شهریور ۱۳۷۸، ص ۲۵.

عباسخانی، روح‌الله، «صدای عاشیقی، موسیقی عاشیقی: نگاه معنی‌شناختی تاریخی، جامعه‌شناختی و هنری...»، ماهنامهٔ مقام، دورهٔ جدید، ش ۴، بهار ۱۳۸۲، ص ۲۷ ـ ۲۹.

عناصری، جابر، «نوازندگان شوریده، سرایندگان شیواسخن»، روزنامهٔ کیهان، ۶ شهریور ۱۳۷۶، ص ۹.

فردی، اصغر، «عاشق و حیدربابای شهریار عاشق»؛ فصلنامهٔ ماهور، ش ۱۵، بهار ۱۳۸۱، ص ۱۰۹ ـ ۱۲۵.

فرمند، حامد، «ساز عاشیق با عشق خفته»، روزنامهٔ ابرار، آبان ۱۳۸۲، ص ۸.

فرمند، حامد، «ساز عاشیق کوک نیست»، ماهنامهٔ مقام، دورهٔ تازه، ش ۱۱، اردیبهشت ۱۳۸۳، ص ۲۷ ـ ۳۰.

میرعلی‌نقی، علی‌رضا، «یاشاسین عاشیق»، روزنامهٔ همشهری، مهر ۱۳۷۵، ص ۹، ضمیمهٔ خانوادگی.

وسیله، محمود، «عاشیق‌ها چه غریبانه می‌نوازند»، روزنامهٔ ایران، ۵ شهریور ۱۳۷۹، ص ۱۱.

ویشلقی، جمیل، «بررسی انواع شکل (فرم) اشعار عاشیق‌های آذربایجان»، فصلنامهٔ فرهنگ مردم ایران، ش ۱۰، پاییز ۱۳۸۶، ص ۱۳۹ـ۱۶۴.

Music Of Azerbaijan Ashighs

By

Hamid Sefidgar Shahanaghi

2015